O desafio historiográfico

Livros publicados pela Coleção FGV de Bolso

(01) *A História na América Latina – ensaio de crítica historiográfica* (2009)
de Jurandir Malerba. 146 p.
Série 'História'

(02) *Os Brics e a Ordem Global* (2009)
de Andrew Hurrell, Neil MacFarlane, Rosemary Foot e Amrita Narlikar. 168 p.
Série 'Entenda o Mundo'

(03) *Brasil-Estados Unidos: desencontros e afinidades* (2009)
de Monica Hirst, com ensaio analítico de Andrew Hurrell. 244 p.
Série 'Entenda o Mundo'

(04) *Gringo na laje – Produção, circulação e consumo da favela turística* (2009)
de Bianca Freire-Medeiros
Série 'Turismo'

(05) *Pensando com a Sociologia* (2009)
de João Marcelo Ehlert Maia e Luiz Fernando Almeida Pereira. 132p.
Série 'Sociedade & Cultura'

(06) *Políticas culturais no Brasil: dos anos 1930 ao século XXI* (2009)
de Lia Calabre. 144 p.
Série 'Sociedade & Cultura'

(07) *Política externa e poder militar no Brasil: universos paralelos* (2009)
de João Paulo Soares Alsina Júnior. 160 p.
Série 'Entenda o Mundo'

(08) *A Mundialização* (2009)
de Jean-Pierre Paulet. 164 p.
Série 'Sociedade & Economia'

(09) *Geopolítica da África* (2009)
de Philippe Hugon. 172 p.
Série 'Entenda o Mundo'

(10) *Pequena Introdução à Filosofia* (2009)
de Françoise Raffin. 208 p.
Série 'Filosofia'

(11) *Indústria Cultural – uma introdução* (2010)
de Rodrigo Duarte. 132 p.
Série 'Filosofia'

(12) *Antropologia das emoções* (2010)
de Claudia Barcellos Rezende e Maria Claudia Coelho. 136 p.
Série 'Sociedade & Cultura'

(13) *O desafio historiográfico* (2010)
de José Carlos Reis. 160p.
Série 'História'

(14) *O que a China quer?* (2010)
de G. John Ikenberry, Jeffrey W. Legro, Rosemary Foot, Shaun Breslin. 132p.
Série 'Entenda o Mundo'

(15) *Os índios na História do Brasil* (2010)
de Maria Regina Celestino de Almeida. 164p.
Série 'História'

FGV de Bolso 13
Série História

O desafio historiográfico

José Carlos Reis

Copyright © 2010 José Carlos Reis

1ª edição — 2010; 1ª reimpressão — 2017; 2ª reimpressão — 2018.

Impresso no Brasil | Printed in Brazil

Todos os direitos reservados à EDITORA FGV. A reprodução não autorizada desta publicação, no todo ou em parte, constitui violação do copyright (Lei nº 9.610/98).

Os conceitos emitidos neste livro são de inteira responsabilidade do autor.

COORDENADORES DA COLEÇÃO: Marieta de Moraes Ferreira e Renato Franco
PREPARAÇÃO DE ORIGINAIS: Ronald Polito
REVISÃO: Fátima Caroni, Marco Antônio Corrêa
DIAGRAMAÇÃO: FA Editoração
PROJETO GRÁFICO E CAPA: Dudesign

Ficha catalográfica elaborada
pela Biblioteca Mario Henrique Simonsen/FGV

Reis, José Carlos
 O desafio historiográfico / José Carlos Reis. - Rio de Janeiro :
Editora FGV, 2010.
 160 p. (Coleção FGV de bolso. Série História)

 Inclui bibliografia.
 ISBN: 978-85-225-0827-3

 1. Historiografia. 2. Pesquisa histórica. 3. Ricoeur, Paul, 1913-
2005. 4. Freyre, Gilberto, 1900-1987. I. Fundação Getulio Vargas.
II. Título. III. Série.

CDD — 907.2

Editora FGV
Rua Jornalista Orlando Dantas, 37
22231-010 | Rio de Janeiro, RJ | Brasil
Tels.: 0800-021-7777 | 21-3799-4427
Fax: 21-3799-4430
editora@fgv.br | pedidoseditora@fgv.br
www.fgv.br/editora

Sumário

Introdução   7

Capítulo 1
O desafio historiográfico   11
    O pirronismo histórico   11
    A história, antípoda da ficção?   17
    A história da historiografia   22

Capítulo 2
A "dialética do reconhecimento" em Paul Ricoeur: memória, história, esquecimento   29
    A face cognitiva da memória   32
    A vulnerabilidade da memória   36
    Historiografia e memória: relação conflituosa   41
    A operação historiográfica   45
    A memória feliz: o "milagre do reconhecimento"   60

Capítulo 3
O entrecruzamento entre narrativa histórica
e narrativa de ficção 63

Hayden White: a narrativa histórica é literária 63
Paul Ricoeur: a narrativaa histórica é realista e literária 67
A historiografia é quase ficção, a ficção é quase historiografia 71
A historiografia é quase ficção: *O Mediterrâneo e o mundo mediterrâneo à época de Felipe II* 83

Capítulo 4
A "história problema" da Escola dos Annales 91

O fato histórico como "construção" 95
O novo conceito de "fonte histórica" 97
A "história total ou global" 98
A interdisciplinaridade 102

Capítulo 5
Annales *versus* marxismos: os paradigmas históricos
do século XX 105

Modernidade iluminista *versus* pós-modernidade
estruturalista e pós-estruturalista 105
Onde situar os Annales e os marxismos? 112
Complementares 115
Antagônicos 119
"Diferenciados" 132
Considerações finais 137

Capítulo 6
Gilberto Freyre, poeta do Brasil 141

Bibliografia 149

Introdução

É fácil "fazer", ou melhor, "escrever" a história? Ser "historiador" enobrece, engrandece, eleva a autoestima de alguém? O historiador realiza uma tarefa acessível a qualquer um ou o seu trabalho exige uma sensibilidade e talento especiais, um treinamento técnico e teórico sofisticado, uma clara noção da sua pesada responsabilidade social? Alguém pode se sentir orgulhoso e até se vangloriar dizendo "eu sou historiador"? Os historiadores têm dado conta do seu desafio?

Este livro tem a pretensão de propor uma reflexão ao mesmo tempo fácil e densa, rápida e profunda, limitada e fecunda sobre "o desafio historiográfico". Ele se dirige àquele jovem ambicioso que, desejando se dedicar à pesquisa histórica, se interroga sobre o fazer do historiador. Contudo, pode chegar também às mãos do colega já calejado e traquejado, oferecendo-lhe, quem sabe?, alguma nova ideia ou um detalhe diferente do seu ofício. Em todo caso, mesmo que não lhe acrescente grande coisa, poderá utilizá-lo como instrumento de trabalho, oferecendo-o aos seus alunos, facilitando o seu ensino/orientação de pesquisa. O objetivo deste livro é a difusão reflexiva, problematizante, do saber historiográfico.

Ele é constituído por seis capítulos, alguns inéditos, outros adaptados, encurtados e reorganizados para caberem no formato "livro de bolso". Qual é o espaço do nosso bolso? Há vários tipos e tamanhos de "bolso": o prático bolso de trás da calça jeans, os bolsos mais amplos da frente, o apertado bolso da camisa social. Há bermuda cargo com dois bolsos maiores nas pernas, há paletós com bolsos fundos, escondidos, há casacos com bolsos falsos, duplos, por dentro e por fora e, inclusive, nas mangas... O espaço do nosso bolso é pequeno, parecido com aquele das moedas ou aquele onde se põe um lenço ou rosa para enfeitar. Mas, isto não importa. O que interessa é que há um bolso! A Editora FGV abriu um espaço importante, que deve ser ocupado com elegância, competência, fecundidade, responsabilidade. Daqui, pode-se abordar um maior número de pessoas, ampliar o halo da cultura historiográfica, levar mais fundo na sociedade brasileira a inquietação, o interesse e a compreensão da "história escrita".

No capítulo 1, que tem o mesmo título do livro, são formuladas com algum "irônico sadismo" as questões que desafiam o historiador. As provocações que lhe fazem os céticos podem enfurecê-lo, como a uma criança chamada pelo apelido que não gosta. E todos conhecem este estranho prazer! Gosto de ver meus alunos, os meus colegas, digamos, "em pânico"! E quanto maior é a irritação, maior a diversão. O que se ganha com isso é enorme! É o fim do dogmatismo, da solene e hipócrita confiança no "ofício", o enfraquecimento dos sérios e pedantes historiadores "dignos deste nome", atitudes que só bloqueiam o avanço da reflexão sobre a operação historiográfica. Nesse mesmo capítulo, uma hipótese é seriamente oferecida para esvaziar e vencer o ceticismo: é a história da historiografia que explica a historiografia a si mesma.

Nos capítulos 2 e 3, após os esforços de demolição do capítulo 1, procuramos reconstruir o conhecimento histórico, apoiados nas duas grandes obras contemporâneas sobre a teoria da história: *A memória, a história, o esquecimento* (2000) e *Tempo e narrativa* (1983-85), de Paul Ricoeur. Nesses capítulos, discutimos a sua riquíssima tese sobre o desafio historiográfico como "dialética do reconhecimento" e a sua defesa do caráter ao mesmo tempo narrativo e realista da historiografia. Nós procuramos seguir Ricoeur em seu labirinto teórico e trazer lá de dentro, não um Minotauro, mas, em poucas páginas, com clareza e densidade, a sua visão do conhecimento histórico, que tanto repercutiu sobre a cultura histórica pós-1989. Esta é a parte inédita do livro, que lhe dá alguma substância, força e atualidade.

Nos capítulos 4 e 5 procuro lembrar como eram as teses e os termos com os quais os paradigmas historiográficos do século XX, os Annales e os marxismos, "resolviam" o desafio historiográfico. Aqui, retomo o meu livro *Escola dos Annales, a inovação em história* (Paz e Terra, 2000), quando trata da "história-problema" dos Annales e do seu debate/combate com os marxismos. O objetivo destes dois capítulos é mostrar que não há uma única e a-histórica maneira de resolver o desafio historiográfico, que é solucionado "historicamente". O diálogo entre as épocas é mais importante e somente ele pode responder efetivamente às questões postas pela operação historiográfica.

No capítulo 6 procuro abrir a discussão sobre o desafio de ser historiador do/no Brasil. Faço o elogio da imensa contribuição da obra de Gilberto Freyre que, como a de Braudel, não opõe, mas entrelaça, narrativa histórica e ficcional. E reencaminho o leitor aos meus livros *As identidades do Brasil 1, de Varnhagen a FHC* e *As identidades do Brasil 2, de Calmon a*

Bomfim, ambos publicados pela Editora FGV. Já escrevi muitos livros sobre teoria da história e, aqui, faço um pequeno *pot-pourri*, corto e sirvo algumas fatias que, fora do contexto desses livros, ganham um sentido autônomo e próprio.

A leitura deste livro deve ser acompanhada dos clássicos do "desafio historiográfico", pelos quais os jovens historiadores devem começar a edificação da sua biblioteca: Carr, E. H. *O que é a história?*; Schaff, A. *História e verdade*; Collingwood, R. G. *A ideia de história*; Bourdé, H. e Martin, H. *As escolas históricas*; Marrou, H. I. *Do conhecimento histórico*; Aron, R. *Introduction à la philosophie de l'histoire*; Rüsen, J. *Razão histórica* (os 3 volumes); Bloch, M. *Apologia da história ou ofício de historiador*; Cardoso, C. e Vainfas, R. *Domínios da história*, para ficar apenas nos incontornáveis.

Enfim, o autor sabe e prefere que o protagonista da leitura seja o leitor. E espera que este pequeno livro, em suas mãos e sob os seus olhos, transforme e amplie o seu horizonte de expectativa. O autor deseja que os seus leitores, além de historiadores mais competentes, tornem-se homens e mulheres "melhores", mais complexos, engajados na construção de um mundo de liberdade, onde todos possam explorar a sua singularidade potencial e viver fruindo da sua identidade/diferença, sem perder de vista o viver-juntos. O "escrever história" não é inteiramente paralelo ao "fazer a história". Para Ricoeur, a ação é como um texto, o texto já é ação. Texto e ação são criadores de sentido. Portanto, é preciso "escrever história" pensando e "fazendo a história" de um mundo que se pode compartilhar, mediado por linguagens criadoras de sentido, que ordenam o direito, promovem a justiça, expressam e tornam complexas as subjetividades. Enfim, a historiografia é essencial à vida cultural e à ação política que constroem um mundo social habitável.

Capítulo 1

O desafio historiográfico

O pirronismo histórico

A história é um conhecimento possível? Seria possível fazer afirmações com significado lógico sobre o passado? Seria possível fazer uma descrição objetiva do passado, referindo-se de fato a ele? Se isto for possível, quais os limites dessa possibilidade? O que faz efetivamente o historiador? Qual é o seu real interesse, a sua sensibilidade profunda? Qual seria a relevância intelectual de uma pesquisa histórica? Enfim, qual seria a identidade epistemológica da história?

Estas questões de epistemologia revelam o desafio historiográfico. Elas põem em dúvida a possibilidade do conhecimento histórico e, apesar de irritantes e insolúveis, o historiador não pode deixar de enfrentá-las permanentemente. Ao reformulá-las, aqui, nosso interesse não é lançar a história em crise, pois não duvidamos da legitimidade do trabalho histórico. A nossa reflexão retorna a elas, sem buscar respostas definitivas, pois não há consenso, sobretudo para consolidar e fortalecer o trabalho do historiador. A enorme relevância desta reflexão é demonstrada pela bibliografia vasta e riquíssima sobre tais questões. Essa bibliografia leva a múltiplas direções, revelando a época, as instituições e a personalidade dos autores que as discutiram. Para nós, "pensar" não se restringe a encontrar respostas. O pensamento fecundo adia a dissolução dos seus problemas, a sua "solução". "Pensar" é perguntar continuamente, transformando possíveis soluções em novos enigmas. Paradoxalmente, o pensamento não quer resolver o mundo, mas torná-lo vertiginosamente enigmático. Ele não deseja dissolvê-lo, mas mantê-lo como problema. "Pensar bem" é construir e explorar aporias, impasses, dilemas. É tornar complexo o que parece simples ou dado. Não é cortar o nó górdio com a espada, de forma impaciente, autoritária e violenta, mas desatá-lo serenamente, fazendo a sua teoria. "Pensar", enfim, é problematizar um objeto bem demarcado, criar hipóteses, testá-las. Depois, procurar articular um discurso sobre esse objeto em linguagem clara e comunicável, debatendo-o publicamente, iluminando-o sob diversos ângulos, percebendo-o em suas mudanças no tempo. Para ver esse objeto tornar-se um enigma ainda maior! Haverá um final feliz para tais interrogações? Alguém encontrará a fórmula do universo e da história, o segredo de Deus? Há os que, ingênuos, creem já terem atingido este grau zero, este ponto arquimediano do conhecimento. O que, felizmente, não impediu a história de continuar em sua busca. Quando se esperava ter acedido à verdade, ao fim da história, um temporal mudou a direção das folhas e tudo o que era sólido se desfez no ar. Por isso, há necessidade da reflexão teórica, não sistemática, não dogmática, não totalitária, mas problematizante, descrente, histórica. A teoria da história acompanha e se confunde com a história da história.

Não é possível, portanto, ser historiador sem tomar o conhecimento histórico como problema, sem avaliar o tamanho das dificuldades do empreendimento historiográfico. Se o conhecimento histórico é a construção de um sujeito, este não pode praticá-lo surda e cegamente, precisa pôr em dúvida a sua capacidade de tocar o seu objeto, os "homens no tempo", e partir da possibilidade do nada ao ser. Admitamos, portanto, que, embora exista há cerca de 2.500 anos, o conhecimento histórico é epistemologicamente muito problemático. Há autores que o consideram impossível. Os argumentos céticos são inúmeros e todos muito fortes. Entre outras objeções à possibilidade da historiografia, afirma-se:

- é um conhecimento indireto, que não mostra o vivido ao vivo. É inconsistente. O historiador conhece o passado recorrendo a testemunhos, intermediários suspeitos, que, ou não sabiam o que estavam vivendo ou desejavam controlar a imagem que o futuro — o historiador — faria deles. Entre o sujeito e o objeto do conhecimento há uma inultrapassável distância temporal, uma barreira invisível, apenas perceptível em documentos, vestígios, testemunhos, sempre precários, lacunares, arruinados, e muitas vezes estrategicamente depositados. Conhecimento indireto, o historiador não pode tocar o seu objeto, experimentá-lo, testá-lo, reproduzi-lo, repeti-lo. O passado é uma abstração, *não é mais*, e ninguém jamais saberá como teria sido. E mesmo se o historiador pudesse retornar ao passado, isso o tornaria um conhecedor mais eficiente? Ele se tornaria apenas mais um contemporâneo, envolvido pelo seu objeto, e saberia tanto daquela época como alguém que a viveu, isto é, muito pouco;

- ao produzir o seu discurso, conhecimento indireto, do passado, o historiador não cria uma linguagem específica, mas utiliza a sua língua materna, cheia de preconceitos, anacronismos, arcaísmos, equívocos, sentidos múltiplos, conotações, crenças, partidarismos. Em busca da "verdade", os historiadores, por um lado, reproduzem a linguagem das fontes e, por outro, criam novas palavras, às quais dão o nome de "conceitos", nos quais confiam cegamente. Contudo, observando de perto, tais "conceitos" nunca mantêm o significado explicitado na introdução e, ao longo do trabalho, acabam decaindo em metáforas ou palavras-chave mestras (falsas). Portanto, a linguagem da história não a distingue de um discurso mentiroso! Em história, o que diferencia a linguagem da verdade da linguagem da mentira? Enquanto pura linguagem, código, não há diferença alguma. Aliás, o bom mentiroso é aquele que sabe explorar em seu interesse a linguagem da verdade: oferece dados, gráficos, números, nomes, locais, datas, eventos, autoridades, pés de página, álibis, testemunhos oculares, farta documentação anexa. Todos falsos! A história nem chegaria a ser um "romance verdadeiro";
- conhecimento indireto, do passado, em linguagem polissêmica, apoiado em documentação suspeita, o conhecimento histórico é incapaz de fazer previsões e é articulável apenas depois do evento ocorrido, limitando-se a uma retrodicção pouco rigorosa. É um conhecimento falacioso: *post hoc ergo propter hoc* (depois disso, então, por causa disso). O historiador cria explicações *a posteriori*, selecionando e hierarquizando causas, elegendo causas e eventos mais e menos "importantes". Ele atribui a condição de causa de um acontecimen-

to ao evento que ocorreu antes, mas a anterioridade não é suficiente para garantir a causalidade. Não é um conhecimento prognóstico, mas pós-gnóstico. Depois que o evento imprevisível ocorreu, o charlatão afirma que era "óbvio que ele iria ocorrer"! A história oferece uma causalidade sublunar, imprecisa, produzida por uma subjetividade em expansão. É um conhecimento "metafísico", inverificável, não falseável (Popper), que permite a convivência de inúmeros discursos incompatíveis entre si. Eles criam uma regressão infinita, sem chegarem a causa alguma. O historiador não tem método, não explica nada e não tem teorias. A história não faz reviver os eventos que narra, pois é uma criação do autor e não dos seus atores. O autor tria, simplifica, organiza, sustenta um século em uma página. O evento é uma diferença, uma experiência vivida, que não se pode conhecer *a priori* e, talvez, nem *a posteriori*. É individual, singular, único, acontece em um momento e lugar determinados no passado e não se repetirá jamais. A história só pode ser anedótica;

- conhecimento indireto, do passado, em linguagem polissêmica, falacioso, o conhecimento histórico pratica sistematicamente o que mais abomina: o anacronismo. Ele olha o passado com os olhos e as cores do seu presente, apagando a diferença que deveria preservar e conhecer entre presente e passado. Ele é ligado à época de sua produção, violentamente pessoal e arbitrário, e dura tanto quanto dura um determinado presente. Por isso, precisa ser constantemente reescrito. E para não permanecer! É um castigo de Sísifo: permanente reinício, cheio de ilusões de verdade, verdades que duram o que dura uma geração;

- finalmente, como conhecimento das "mudanças humanas no tempo", o conhecimento histórico é uma reconstrução fantasmagórica, pois, enquanto mudança, o seu objeto é misterioso, indecifrável, pois não é — *deixa sempre de ser*. Pode-se fazer um discurso racional, intersubjetivo, sobre o que não permanece? Baseado em quê? A história é um conhecimento sem objeto, que não chegaria a produzir nem erro, mas confusão. Os historiadores nunca estão de acordo sobre a queda do Império Romano ou a Inconfidência Mineira. Os problemas da história são de crítica e de retrodicção: ocorrido o evento, qual seria a sua explicação? A retrodicção vai do ocorrido aos seus antecedentes, o caminho oposto do da previsão. Ela parte do evento para a sua causa. Por isso, a explicação histórica é confusa e não pode ser uma lei — não é uma explicação dedutiva ou nomológica. Em história, a cadeia de eventos é imprevisível, pois entram em cena sempre dados novos, que mudam as relações entre os dados anteriores, que se supunha que já eram conhecidos.

Descartes foi o que mais insistiu neste pirronismo histórico. Para ele, a história é um conhecimento impossível: não tem objeto, não tem linguagem própria, não descobre leis, não prova. O relato histórico, mesmo minucioso, ou melhor, quanto mais minucioso, pior. Ele não se refere nunca ao que se passou. Os historiadores não ofereceriam nem mesmo uma imagem pálida do que investigam. As explicações produzidas sobre os homens do passado estão marcadas pela subjetividade e arbitrariedade e preconceitos não valem como conhecimento. O conhecimento histórico produziria uma mutilação da experiência passada, uma organização ilusória e fantasmagórica dos homens do passado. São os historiadores que falam pelos fatos do passado. Mas, não são os fatos do passado, os feitos do passado, os homens do passado, o objeto do historiador? Não deveria ele recuperá-los em seus próprios termos, tal como se passaram? A utopia rankiana seria mesmo tão desprezível? Não seria ela a realização plena do conhecimento histórico? Para continuar crítico, não há outro recurso, o historiador precisa aceitar a crise, as limitações, a precariedade dos resultados da sua "ciência". Ele não pode evitar este questionamento que atinge profundamente a identidade da história (Topolsky, 1982; Collingwood, 1981; Fontana, 1998; Veyne, 1983).

A história, antípoda da ficção?

Esta argumentação cética vista suspeita da capacidade de a história realizar o seu objetivo original: vencer a imaginação e o discurso ficcional. Desde Heródoto, o desafio historiográfico foi sempre o de lutar contra o erro, contra o falso, procurando produzir a "verdade". Em sua origem grega, "história" significa pesquisa, investigação, busca da visão do fato que teria o testemunho ocular. O historiador narra os fatos que ouviu de alguém que esteve presente ou que ele próprio testemunhou. A história surgiu e continuou se legitimando como luta contra fábulas, lendas, mitos, falsos testemunhos. O seu esforço é o de representar adequadamente o real, realizando as seguintes operações cognitivas: *registro, memorização, revivência, reconstituição, reconstrução, interpretação, compreensão, descrição, quantificação, narração, análise, síntese*. Como busca da verdade, como conhecimento adequado da realidade dos fatos humanos, ela reivindica o estatuto de "ciência" e quer ser considerada "antípoda da ficção". O seu horror à ficção é tal que, quando se aproxima das ciências naturais, denuncia as sombras da ficção que descobre nelas. Para Michel de Certeau, a história pretende ser mais realista do que as ciências naturais ao denunciar o seu "conteúdo ficcional": linguagem formal, artificial, um artefato verbal esvaziado de realidade. O historiador desconfia dessa "ficção científica", que ignora fatos, a realidade, o referente do discurso. A ambição da história é ultrarrealista, ela aspira ser mais "científica" do que a ciência. O seu realismo é mais radical do que o da ciência, pois é avessa a modelos, leis, conceitos, tipos, que, para o historiador, são abstrações, que se colocam no lugar do real. Para a história, a ciência é fraca, deixando-se convencer e dominar pela ficção. Contudo, quando percebe que, apesar das suas brechas ficcionais, a ciência pode ser um forte aliado em seu combate à ficção, ela se aproxima e procura fazer aliança. Da ciência, ela quer imitar o seu controle da prova, a sua obsessão com o teste, a experimentação laboratorial. Ela se inspira em seu espírito rigoroso, em seu esforço de objetividade, em suas estratégias e técnicas para apreender e dominar a realidade empírica (Certeau, 1976 e 1987).

Contudo, os céticos têm razão: a busca da "verdade" parece incompatível com o objeto do historiador, os homens no tempo, e, desde o início, a historiografia se misturou à literatura. A história jamais atingiu plenamente o seu objetivo de ser "antípoda da ficção". Para Michel de Certeau, a história se deixa dominar pela ficção quando esconde ou não consegue perceber a força organizadora do presente em sua refiguração do passado. Na verdade, a sua organização do passado não é tão realista assim, pois é muito orientada pelo presente. A história se mostra pouco realista em relação à sua própria atividade, não vê que a sua representação do passado oculta o aparelho social e técnico que a produz, a instituição profissional. A reconstrução do passado disfarça a prática que a organiza, escapa às pressões socioeconômicas que determinam as autorrepresentações de uma sociedade. Uma comunidade científica é uma fábrica em série, submetida a limites de orçamento, ligada a políticas, a um recrutamento estreito e homogêneo, aos interesses do patrão e do momento. Os livros produzidos nessas fábricas não revelam as condições de sua produção e, por isso, se aproximam da ficção. Eles se referem ao passado como se fossem autônomos em relação às pressões institucionais e aos problemas postos pela realidade presente, fazendo uma abordagem abstrata do passado, não percebendo as suas âncoras e algemas no presente (Certeau, 1976 e 1987).

Portanto, os céticos teriam razão se a história insistisse em ser "antípoda da ficção". Mas, se ela mudasse de posição, se aceitasse que é contígua a ela, faria uma redefinição do seu conceito de verdade e daria outro sentido ao desafio historiográfico. A argumentação cética se esvaziaria completamente. Nietzsche é contra a "atitude científica" historicista e sugere que seria melhor que, em vez de lutar contra a ficção, a história assumisse as suas íntimas relações com ela. A história não deve pretender ser "antípoda da ficção", pois está mais próxima da arte. Nietzsche é contra a atitude científica para a história, cujo lema seria: "seja a verdade, pereça a vida". Ora, se a vida deve perecer, a quem serviria a verdade? Se a vida deve perecer, a verdade perecerá junto, pois a verdade é a vida. Para ele, o ideal objetivista da história científica estuda fatos despidos de toda subjetividade, eliminando o sonho e a imaginação, que animam a vida. Ele se refere a três atitudes diante do passado, que podem ser positivas ou negativas, dependendo da medida: a) a *história monumental* serve àquele homem que age e aspira, que procura no passado exemplos, modelos para a sua ação, valorizando o grande e o magnífico, protestando contra a fuga do tempo e a precariedade do ser. Nessa perspectiva, só o grande homem conta e só ele é exemplar e pode inspirar a imitação dos homens do presente. A história é mestra da vida, pois serve a esta imitação. Mas, esta atitude monumental pode ser desfavorável à vida ao fazer do passado um ideal e desqualificar o presente e a possibilidade do futuro. O risco do "monumentalismo" é os mortos enterrarem os vivos; b) a *história antiquária* serve àquele que ama e venera o passado em todos os seus detalhes, como raiz e origem. Esse espírito colecionador cataloga fatos e mais fatos, preserva o passado enquanto passado em arquivos e museus. O risco do "antiquarismo" é a mumificação de um passado que não anima mais o presente, não o inspira mais, e os mortos enterram os vivos. A vida só deve ser preservada na medida em que se vê aumentada em potência; c) a *história crítica* coloca o passado diante do tribunal da razão e o condena enquanto passado, por ser passado. O presente quer criar para si uma segunda natureza e rompe com as referências da tradição. O risco do "radicalismo crítico" é a destruição de tudo o que já foi. Nestes três modelos, o excesso de história representa uma desvantagem para a vida, pois o passado oprime e soterra o presente. No entanto, já em sua época, surgia a *hermenêutica*, com Schleiermacher e Dilthey, que propunha uma relação de diálogo entre o presente e o passado: os vivos do presente interpretam e dialogam com os vivos do passado! Na verdade, desde Heródoto, a história esteve ligada à vida e não à morte. Desde os gregos, ela foi o testemunho dos tempos, a luz da verdade, a luz da memória, a mestra da vida, a mensageira da antiguidade e a protetora do futuro (Nietzsche, 2003; Domingues, 1996).

Portanto, a história poderia ou deveria esperar ser uma "ciência"? Após Nietzsche, que revelou a dimensão de sonho e imaginação da experiência vivida, interessaria a ela continuar imitando a ciência? Não seria melhor assumir as suas características de arte literária? As relações entre a história e o discurso científico são complexas. Para Bloch, perguntar sobre o caráter científico da história é formular a "questiúncula que agitava os nossos avós". Para Veyne, ao contrário, não é vão saber se a história é uma ciência, pois "ciência" não é um vocábulo nobre, mas um termo teoricamente preciso. Talvez, possamos extrair da clássica classificação positivista das ciências de Comte, embora não fosse o seu objetivo, uma saída para este impasse. Para Comte, a hierarquia das ciências inclui seis ciências: matemática, astronomia, física, química, biologia, sociologia. Aparentemente, a história não está presente. Elas apareceram sucessivamente por sua ordem lógica: grau de generalidade, de simplicidade e de independência recíproca, uma ordem de generalidade decrescente e complexidade crescente. Esta classificação tem um duplo critério: epistemológico e histórico. Embora Comte enfatize o seu caráter epistemológico, esta classificação traz implicitamente uma história das ciências: elas apareceram "sucessivamente", emergiram em épocas diferentes e cada surgimento trouxe mudanças profundas na ordem do conhecimento. Esta classificação inclui implicitamente a historicidade dessas ciências, o que nos leva à hipótese de que, talvez, a ciência das ciências seja a história. Só a história pode explicar a matemática, a astronomia e a física a elas mesmas. A história seria a primeira ciência, anterior à matemática, pois só ela explica cada ciência a si mesma e a relação de todas entre elas. Todas elas dependem da história, epistemologicamente, pois precisam da memória e da linguagem para continuar existindo, e historicamente, pois os registros, os anais, são anteriores e mais importantes do que os teoremas. A possível saída do impasse: se a história é ciência ou arte somente, a história da historiografia poderá responder. A história, para conhecer a sua identidade epistemológica, deve aplicar-se o princípio que aplica a todos os seres e saberes: conhecer as suas mudanças no tempo, fazer uma história de si mesma (Comte, 1984; Bloch, 2002; Veyne, 1983).

A história da historiografia

Recoloquemos, então, o problema já posto: de Heródoto a Ginzburg, existiria uma identidade estável e reconhecível do conhecimento histórico? Afinal, o que é a história e o que faz o historiador? Geralmente, evitam-se respostas abstratas. A resposta abstrata mais frequente: *é o conhecimento do passado humano, dos homens do passado, dos fatos e feitos humanos do passado*. Isto exclui os fatos naturais. É um conhecimento que pretende obter a verdade do seu objeto, através da investigação, da interrogação e controle das fontes. No entanto, uma resposta segura só seria possível através da análise da prática concreta dos seus especialistas. A história existe e é praticada por uma comunidade especializada, logo, ela seria "aquilo que os historiadores fazem". Ela seria o que pratica a comunidade dos historiadores e pode-se encontrar a estrutura lógica do seu método observando o modo como os historiadores operam. No entanto, o "modo como os historiadores operam" é histórico, muda, e, mesmo observando a prática concreta da comunidade historiadora, não se pode definir de forma estável e incontestável o que ela faz. Hoje, talvez, se possa afirmar, observando a operação histórica concreta dos historiadores, que a história é o conhecimento "cientificamente conduzido" do passado humano, isto é, problematizante, hipotético, comunicável, técnico, documentado. Ela procura realizar um diálogo entre os homens vivos do presente e os homens vivos do passado, de forma racionalmente conduzida. Mas, ela não foi sempre assim e já está deixando de ser assim (Reis, 2005).

A história da história é um caleidoscópio! Há cerca de 2.500 anos, ela existe em permanente crise, autodefinindo-se vagamente. Como "obra escrita em prosa", ela surgiu nos séculos V/IV a.C., opondo-se ao mito, à lenda, à poesia épica e à especulação filosófica, que também emergia. Ela era um olhar novo, uma revolução cultural, que buscava a verdade das mudanças humanas no tempo, em uma cultura que contemplava o eterno, o supralunar. Heródoto acreditava ser possível falar das coisas humanas, temporais, e com verdade. Mas, ofereceu várias versões da verdade e foi considerado "fabulador". O próprio pai da ciência dos homens no tempo foi tido como contador, fabulador, mentiroso! Depois, a história se confundiu com a mitologia política. Em Roma, o historiador "investigava e pesquisava" para legitimar o poder, oferecendo-lhe uma origem, uma tradição, que lhe garantisse a continuidade. Depois, a história confundiu-se com a fé cristã, tornando-se o levantamento dos casos em que a vontade de Deus se expressou, uma história das manifestações divinas, milagres e teofanias. No século XVIII, apesar da busca da "história perfeita" dos séculos XVI/XVII, pelos eruditos Mabillon e La Popelinière, a história deixou-se dominar pela especulação filosófica e tornou-se um grande discurso especulativo, universalizador, teleológico, utópico. No século XIX, ela retornou à sua origem grega, especificamente a Tucídides, e quis outra vez romper com a intuição poética, com a especulação filosófica, com a retórica literário-política, com a inspiração artística, com a fé, e inventou uma nova identidade: "ciência". Mas, não era uma atitude original. Assim como havia cedido ao poder romano, à fé cristã, à especulação filosófica, agora se rendia ao sucesso das ciências naturais, em seu modelo ainda empirista e indutivista. Ela passou a buscar fatos concretos, documentos, e procurava estabelecer impossíveis leis de desenvolvimento histórico. Esta não foi a última imagem da história. Com o surgimento das ciências sociais, no final do século XIX e no século XX, a história deixou-se fascinar por Marx, Weber, Durkheim e pretendeu tornar-se uma ciência social. Identidade que, hoje, no início do século XXI, não a satisfaz plenamente e ela volta a se relacionar mais intimamente com a literatura, com a poesia, a psicanálise, o cinema, a publicidade (Bourdé e Martin, s/d; Lefebvre, 1974; Fontana, 1998; Collingwood, 1981).

A identidade do conhecimento histórico dependeu, portanto, das alianças que a história estabeleceu ao longo dos séculos. O seu realinhamento permanente com os conhecimentos dominantes do momento a tornaram epistemologicamente muito instável. Seus objetos nunca são os mesmos, o que se espera do historiador nunca é o mesmo, a tal ponto que a proposta de uma "metodologia da história" única, de um mesmo caminho seguro e controlável, seria absurda. E as novas gerações de historiadores são sempre "parricidas", pois sentem-se portadoras de uma "verdade histórica nova" e se consolidam rejeitando e desvalorizando as teses históricas anteriores. As "histórias novas" ou "novas histórias" se sucedem, intolerantes com as precedentes, ingenuamente dogmáticas, ignorando a história da própria historiografia. Foi assim entre Tucídides e Heródoto, entre Mabillon e os historiadores medievais, entre Ranke e Hegel, entre Marx e Hegel, entre Febvre e Ranke, entre H. White e os Annales, entre a história cultural e os marxismos. Se, por um lado, os historiadores novos sempre eliminam os antigos, por outro, os outros saberes com os quais os historiadores se dizem alinhados mantêm com a história uma relação tensa: os filósofos não querem a companhia dos historiadores e fazem eles mesmos a sua própria história da filosofia; os cientistas também querem fazer a sua própria história da ciência; antropólogos, sociólogos e economistas simplesmente não se interessam pela perspectiva do historiador e, quando se interessam, dizem não precisar dele; os religiosos, os ignoram; o senso comum vive mergulhado na anti-história, comemorando mitos e arcaísmos. Os historiadores procuram alianças com aqueles que os desprezam epistemologicamente. Só os políticos os valorizam. E talvez aquele desprezo se explique por este apreço.

A história anda na contramão da filosofia, da ciência, da religião e do senso comum. Estes procuram uma verdade fora do tempo, protegem seus resultados com enorme cuidado — a filosofia, a ciência, a religião, o senso comum se dirigem ao atemporal, à teoria sistemática, ao absoluto, ao agora eterno do mito. O historiador faz o caminho inverso. Ele pulveriza, dissolve, desintegra, em durações múltiplas e incompatíveis, as suas "verdades". A história busca a verdade no tempo e não fora dele. Ela revela aos outros saberes, que por isso não apreciam a sua companhia, o seu passado, mostrando-lhes o que eles fazem questão de esquecer: que mudaram, que nunca foram os mesmos e sempre estiveram envolvidos com verdades absolutas diferentes, que também traíram os pais e fizeram alianças que lhes garantiram a sobrevivência. A história revela as suas raízes temporais, que são tão caleidoscópicas quanto as dela, que as suas autorrepresentações mudaram tão frequentemente como as dela. O apreço do político também é compreensível, pois a história, habilmente, jamais lhe diz que os tempos lhe são desfavoráveis, oferecendo-lhe raízes no passado mais longínquo, profundas, consolidando poderes frágeis, visando alianças e proteções demasiadamente humanas.

A história, como conhecimento da mudança, explica todos a eles mesmos. Ela dá sucessividade, historicidade, lugar e época, nomes, datas, aos saberes. Ela desintegra a sua ambição de verdade universal, global, total, absoluta, final. A história revela os seus fracassos, decepções, frustrações, traições. Ela mostra o transcurso, a passagem do seu ser ao novo ser.

Ela própria sofre esta passagem e a assume. Ela já foi registros, crônicas, compilações, genealogia, teologia, filosofia, ciência, ciência social, romance verdadeiro, imagens. O próprio termo "história" é polissêmico, referindo-se ao conhecimento e à sua matéria. Por exemplo: *história do Brasil* — são os fatos e processos passados da sociedade brasileira e as obras escritas de história do Brasil. Além disso, o conhecimento se confunde com a sua matéria, pois o que sabemos do passado é o que é transmitido como conhecimento. O passado não fala por si, mas através do que se conhece dele. A Revolução Francesa é uma leitura de uma série de eventos ocorridos na França no final do século XVIII, que não existiram em si como "Revolução Francesa". Foram nomeados assim por alguns historiadores, e aqueles mesmos eventos tiveram outra construção por outros historiadores. O historiador não está condenado a registrar fatos, a constatá-los. Ele raciocina sobre eles, busca a sua inteligibilidade, atribuindo-lhes sentido, pensando as possibilidades objetivas e os seus desdobramentos. Afinal, pensar não é registrar, mas considerar caminhos possíveis, alternativas. A crítica erudita, a apuração e o estabelecimento de fatos são condições necessárias, mas não suficientes, para uma ciência histórica. É preciso construir um juízo histórico, atribuir um sentido aos fatos.

Portanto, o desafio historiográfico é infinitamente aberto, abrangente, flexível, fascinante! Tudo é história, inclusive a própria historiografia. Tudo é historiografia, inclusive o "todo" e o "nada"! Na medida em que "tudo" está no tempo e existe para os homens e em linguagem humana, cada coisa só possui inteligibilidade através da reconstrução e descrição da sua trajetória. Inclusive o "todo": a pergunta "quem é Deus?", por exemplo, exige uma história das representações humanas do sagrado e do divino e constata-se que a mudança, o tempo, atravessa e domina a eternidade; inclusive o "nada": a pergunta "quando terminou um governo, uma vida, uma técnica?" exige uma história dos eventos que conduziram ao fim de um mundo e época. E talvez seja isto que Certeau quis dizer com "a história é antípoda da ciência e da ficção": ela as inclui e supera. Mesmo quando se envolve com a ciência e a ficção, não se confunde com elas, porque é uma forma específica de saber. Para Michel de Certeau, a função social da representação histórica é "reparar as rupturas entre o passado e o presente, assegurar um sentido que supere violências e divisões do tempo, criar referências e valores comuns que garantam ao grupo uma unidade e uma comunicabilidade simbólica. A história é o trabalho dos vivos para acalmar os mortos. Ela é uma imitação da presença, um discurso que luta contra a corrupção do tempo, que cria a habitabilidade do presente. Ela é uma técnica particular entre várias que têm o mesmo objetivo: produzir narrativas que explicam o que se passa, superando as rupturas com uma linguagem de sentido. Ela cria uma referência comum entre homens separados pelo tempo. A história fabrica o real, diz o que é preciso dizer, crer e fazer. Pretendendo dizer o real, ela o fabrica. Ela torna crível o que ela diz. E faz agir. Essas narrativas fabricadas produzem a história efetiva. Por isso, os poderes econômicos e políticos esforçam-se por pô-la do seu lado, a adulam, pagam, orientam, controlam". Para Febvre, a função social da história é "organizar o passado em função do presente". Ela é a construtora de sentidos que permitem à sociedade funcionar. Ela centraliza a cultura, organizando o espaço da experiência, para abrir, tornar perceptíveis, visíveis e possíveis os horizontes de expectativa de cada presente (Certeau, 1976 e 1987; Veyne, 1983; Febvre, 1992; Koselleck, 1990).

Capítulo 2

A "dialética do reconhecimento" em Paul Ricoeur: memória, história, esquecimento

Em sua obra *A memória, a história e o esquecimento* (2000), que comentaremos a seguir, Paul Ricoeur promete ao seu leitor uma "dialética do reconhecimento". O seu método para abordar as relações entre estes três momentos da consciência inspira-se na fenomenologia husserliana. Husserl concebia a consciência como "intencionalidade", como "consciência de...", e buscava apreendê-la através dos fenômenos que ela apreende. A consciência é intencional, é sempre consciência de alguma coisa, ela sempre percebe fenômenos exteriores a ela e, ao percebê-los, percebe a si mesma. Em última instância, o projeto é cartesiano: retornar à consciência da consciência, à imediatez da consciência em sua evidência intuitiva. Mas, do ponto de vista fenomenológico, a consciência é unida ao mundo da vida e é somente através do mundo vivido que ela pode aceder à sua própria evidência. A consciência apreende seu sentido fora dela, nas coisas e na história. A consciência está orientada para as coisas e para o outro, não está encerrada em sua própria representação e nem é reflexo do mundo exterior. Ela tende para... e através das coisas e dos outros retorna a si mesma. A consciência não possui nada anterior a ela e é o único acesso ao ser. Ela se preenche dos "fenômenos", que ela percebe. A reflexividade da consciência se dá através da experiência, através da atenção e descrição do que se passa efetivamente, e expressa o ponto de vista daquele que vive uma situação concreta. É uma posição antissistema, que não se perde em abstrações e conceitos. O pensamento se renova no curso da própria vida. O método fenomenológico é o da "redução eidética" (*époché*), que põe entre parênteses, suspende a experiência imediata do mundo, destruindo a crença ingênua no mundo da experiência. A fenomenologia não duvida da realidade do mundo, não separa a consciência do corpo, como se fosse a sua alma. Ela põe entre parênteses a experiência imediata para intensificar a sua relação com a coisa que visa, "fazendo-a aparecer", e, ao fazê-lo, busca conhecer o que há de universal em si mesma (Abel, 1996; Abel e Porée, 2007; Greish, 1995).

O ponto de vista de Ricoeur é o de uma "hermenêutica fenomenológica", que se apoia e transforma o método husserliano. Ricoeur faz um "enxerto" da hermenêutica na fenomenologia. Ele opõe a "via longa" da interpretação dos signos, dos símbolos, dos textos, que mediatizam a nossa relação com o mundo, à busca da imediaticidade, da transparência do cógito. Ele acentua o pertencimento da consciência ao mundo, a sua condição histórica, temporal, da qual jamais pode sair. A autoapreensão da consciência se dá em um processo infinito, a "via longa", através da interpretação dos símbolos, que lhe dão o que pensar. O problema da história aparece para a consciência quando ela se depara com outra consciência, o outro. A intencionalidade da consciência em direção à história toma como objeto de interpretação a experiência vivida intersubjetiva e compartilhada. A compreensão de si torna-se uma compreensão histórica de si. Contra o semiotismo fechado em si mesmo, Ricoeur insiste que a linguagem, em suas diversas modalidades, exprime uma maneira de ser no mundo que a precede e exige que seja narrada. O fenômeno é ao mesmo tempo o que aparece e não se mostra, exigindo interpretação, desvelamento. A hermenêutica é a arte de interpretar um sonho, um mito, um texto. Há hermenêutica onde há enigma, equívoco ou duplo sentido. A hermenêutica mostra o pertencimento irredutível do intérprete ao mundo que interpreta e o convida a habitar e a agir em seu mundo. A nossa condição hermenêutica está ligada ao fato de que cada geração deve reinterpretar o mundo onde ela se descobre. Nós chegamos em um diálogo já começado e no qual tentamos nos situar a fim de dar a nossa contribuição.

Portanto, o método ricoeuriano pode ser definido como uma "hermenêutica fenomenológica": o fenômeno é o que aparece e não se mostra (fenomenologia) e exige interpretação (hermenêutica). Vamos refletir neste capítulo sobre a forma como esta "hermenêutica crítica" aborda as relações entre a memória e a historiografia. De que maneira a consciência coloca a memória como objeto? O que é a memória para a consciência? Como a consciência visa e constrói a memória como uma percepção sua? Para Ricoeur, há uma difícil correlação entre o saber científico da memória, as neurociências, e o saber fenomenológico. As neurociências reduzem a memória às sinapses cerebrais, aos vestígios corticais, e consideram o seu saber todo o saber da memória. Mas, ele insiste: a memória fenomenológica vai muito além! O cérebro é a base, sem ele não há memória, mas a fenomenologia se interessa por uma memória singular, que constitui a trajetória de uma identidade pessoal ou de um grupo: a "minha/nossa memória", as "minhas/nossas lembranças", as "minhas/nossas experiências vividas". É evidente que o cérebro e o sistema neuronal não podem ser ignorados, não se pode negar que entre as neurociências e a fenomenologia há uma necessária e "difícil correlação". Mas, a fenomenologia, quando procura perceber e descrever a relação consciência-memória, a encontra na "minha/nossa lembrança". O "lembrar-se" fenomenológico é retrospectivo, reflexivo, e significa duas coisas: a) receber uma imagem do meu passado, espontaneamente; b) procurar uma imagem do meu passado para "fazer algo" com ela. A memória fenomenológica é, por um lado, representação e cognição, por outro, exercício e pragmática. Ela tem uma ambição realista ao se apresentar como a guardiã da profundidade do tempo e da distância temporal. Como dimensão psíquica do "homem capaz" (*"eu posso"*), ela oferece o que nenhum vestígio cortical pode oferecer: o "milagre do reconhecimento" (Greish, 1995; Greish e Kearney, 1991; Queret, 2007).

A face cognitiva da memória

Como representação e cognição, a memória fenomenológica é "minha/nossa lembrança", que pode ser passiva, uma evocação, um aparecimento espontâneo no espírito, ou pode ser uma conquista através da anamnese, de um trabalho sobre a memória. Contudo, a memória é ameaçada pela imaginação, que é contígua a ela: "lembrar é imaginar, imaginar é lembrar". O evento lembrado é representado como uma imagem visual ou auditiva tanto na lembrança quanto na imaginação. Por isso, a memória teme a companhia da imaginação, trata-a como suspeita, como uma ameaça ao seu esforço de encadeamento fidedigno das imagens. Se a memória é um tipo de pintura na alma, a imaginação também é. A arte gráfica, o retrato, a linguagem são técnicas miméticas, que podem fabricar tanto imagens (*eikon*), copiando com fidelidade e exatidão a realidade, quanto simulacros, enganação (*fantasma*). Como distinguir a memória fiel do simulacro? Pode-se afastar a imaginação da memória? Para Ricoeur, afastá-las é impossível, pois a imagem da memória se mistura ao "fantasma" da imaginação. Mas, talvez, possa-se diferenciá-las, distingui-las, mesmo quando estão entrelaçadas.

A imaginação é voltada para o fantástico, para a ficção, para o irreal, para o possível, para o utópico. O seu tempo-lugar é indeterminado. A memória, ao contrário, está voltada para a realidade anterior. A "anterioridade" é a marca da memória, onde há "distância temporal" determinável, "profundidade temporal". A memória é do passado, é o fenômeno da presença de uma coisa ausente, mas que esteve anteriormente aí. A memória é do passado, não pode haver memória do presente ou do futuro, que são momentos da percepção/sensação e da expectativa. Há memória quando o tempo passa e nos lembramos das impressões deixadas durante a sua passagem. Na memória tem-se a experiência real do tempo: antes/depois, movimento/mudança, sucessão/distância temporal. Do que nos lembramos, da afecção ou da coisa da qual procede? Se a lembrança for da afecção, não é uma coisa ausente; se é da coisa passada, como podemos nos lembrar se é ausente? Para Ricoeur, a afecção presente se refere a outro ausente, é presença de uma ausência, como o desenho de um animal na parede. A pintura é em si "fantasma" (imaginação), mas torna-se "imagem" (memória) quando se refere a outro que esteve realmente lá.

Portanto, a memória não se separa, mas se "distingue" da imaginação. A memória é lembrança de uma experiência anterior, a imaginação não tem tempo anterior e nem lugar exterior. Ter "boa memória" é ser capaz de se lembrar do passado com fidelidade e, apesar das suas deficiências, a memória tem a ambição de atingir a verdade. A memória é no singular; as lembranças são múltiplas, plurais. Os velhos têm mais lembranças e menos memória. As lembranças se implantam no solo da memória, são como "cachos de memória". A memória é como a parede de uma galeria de arte, onde estão pendurados quadros-lembranças que emocionam, que causam mais ou menos sofrimento ou alegria. Nós nos lembramos de eventos, nomes, rostos, paisagens, textos, endereços, telefones, tabuada, conjugação dos verbos etc. A lembrança é um tipo de imagem, assim como a imaginação, mas, para Ricoeur, não há como confundi-las: a lembrança pertence ao mundo da experiência ante o mundo da fantasia, da irrealidade. O primeiro é um mundo comum, compartilhado; o segundo é livre, indeterminado.

Neste esforço de "diferenciar" a memória da imaginação, algumas metáforas foram construídas ao longo da história do pensamento: uma se refere à memória como passividade; outra se refere à memória como reminiscência introspectiva; uma terceira se refere a ela como condição da práxis:

- "memória passiva" — para Sócrates, temos na alma um bloco de cera onde as experiências se imprimem, quando ocorrem. Assim como imprimimos uma marca de anel na cera para a assinatura, imprimimos neste bloco de cera interno o que nós queremos lembrar, coisas que fizemos, vimos e ouvimos. Só poderemos nos lembrar da experiência que foi impressa em nossa memória-cera. A opinião verdadeira é o encaixe exato entre a lembrança e a primeira impressão, a opinião falsa ou imaginária é o não ajustamento entre elas;

- "memória introspectiva" — na metáfora do cone, de Bergson, a base do cone é a totalidade das lembranças acumuladas na memória. A ponta é o presente, que faz a memória se mover, passar. A verdadeira memória é a vasta base do cone e filosofar é lembrar-se deste tesouro original e profundo, frequentar este "palácio da memória", para se reconhecer e agir;
- "memória passiva-ativa" — possuir um saber é se servir dele (lembrar-se) como alguém que tem um pássaro na mão. A lembrança não é mais a marca passiva deixada na cera ou apenas uma reminiscência contemplativa, mas poder e capacidade de agir. Se o pássaro estivesse preso na gaiola não seria uma memória ativa, isto é, não se lembrar da experiência é não poder se servir dela. "Lembrar-se" é se apropriar da memória para fazer algo com ela.

Contudo, a fenomenologia da memória ricoeuriana surpreende: a imaginação não é sempre inimiga da memória e, juntas, podem realizar um resgate mais pleno da experiência passada. Se, por um lado, de fato, a memória precisa se precaver contra a presença alucinatória do imaginário, que a torna sem crédito, por outro, ela pode se utilizar e se aliar à imaginação para pôr o passado sob os olhos, para torná-lo visível. O passado é virtual e só pode ser percebido por imagens. O trabalho de memória leva o passado do virtual ao efetivo, das profundezas à superfície, das trevas à luz. Ricoeur conclui otimista: a memória é confiável e oferece a verdade e, para realizar este seu fim, seria até melhor que se aproximasse e dialogasse com a imaginação. Uma memória-imaginação produz "reconhecimento", isto é, sabemos que atingimos algo que se passou, que nos implica como agentes, pacientes ou testemunhos. A memória busca a verdade e pode atingi-la. O uso adequado da memória-imaginação é a busca da verdade do passado.

A vulnerabilidade da memória

A dimensão pragmática da memória: abusos

O uso adequado da memória é a busca da "verdade do passado". Contudo, ela é vulnerável, porque a coisa lembrada é ausente e sua presença é sob o modo da "representação", o que dificulta o teste, a prova, da verdade do passado. Por isso, a imaginação delirante pode impor, em nome do que a memória promete, a verdade dos fatos, uma falsa, fictícia, tendenciosa "verdade". Ela pode difundir rumores, boatos, aforismos, palavras de ordem, utilizando meios estéticos e retóricos de convencimento: imagens multicoloridas e em movimento, imagens sensuais ou que infundam admiração e respeito pela autoridade, trilhas sonoras, situações teatrais, que imprimam profundamente no leitor/ouvinte/espectador ou no mero transeunte um conteúdo exterior e falso. A imaginação pode se travestir astuciosamente de memória e verdade do passado e tornar-se uma ameaça aos homens do presente. A ambição realista da memória torna-se alvo de "abusos", isto é, a imaginação delirante impõe uma "perigosa verdade", dogmática, absoluta, fechada à revisão e à crítica.

Ricoeur enumera três principais abusos da memória. O primeiro, é a "memória artificial", a "memorização", com a utilização de mnemotécnicas. Aqui, a memória é abusada em sua capacidade de reter dados e informações. Este uso técnico da memória fixa os saberes para que permaneçam disponíveis à reefetuação. Ocorre uma espacialização da memória em que o lugar vence a temporalidade anterior/passado. Aplicada à educação, essa técnica é um behaviorismo, um jogo de estímulo-resposta, em que o professor manipula a memorização, fixando a tarefa, definindo o sucesso, organizando punições e recompensas, condicionando a aprendizagem. Não é o aprendiz que é o mestre, a sua memória manipulada é obrigada a recitar a lição "de cor", que, ironicamente, em francês se diz *"par coeur"*, em inglês, *"by heart"*, exatamente o que falta à informação memorizada: "coração". É um conhecimento "sem coração", sem sentido, uma repetição cega, um saber falso que se mascara de precisão e exatidão. Uma lição de história, a declamação de um poema, o cantar uma canção, a fala do personagem no cinema, sem "interpretação", é um falso uso da memória.

Contudo, para Ricoeur, não se pode menosprezar esta memória artificial, pois é uma poderosa vitória contra o esquecimento. Certas profissões exigem que se seja um "atleta da memória": recitar de memória uma longa peça teatral ou inúmeros poemas, reter todas as datas e personagens de uma pesquisa histórica, manter disponíveis todas as fórmulas da física, todos os elementos da química, são admiráveis feitos. Mas, ele insiste: é preciso levar esta capacidade à cultura, isto é, os dados devem ser apropriados e interpretados, seu sentido deve servir à inovação semântica, à criação de sentido, pois quem apenas repete os textos clássicos ou as lições de história do Brasil não passa de um "asno culto".

O segundo abuso da memória é patológico: a "memória impedida". Temos uma memória ferida, doente, traumatizada, onde o acesso à lembrança do fato real está impedido. Freud procurou descrever seus sintomas e criar terapias nos artigos "Rememoração, repetição e perlaboração" (1914) e "Luto e melancolia" (1915). O objeto da psicanálise é a lembrança traumática, a "memória impedida", que leva à compulsão da repetição. Na medida em que não há elaboração da lembrança, passa-se ao ato, repete-se. O presente repete obsessivamente o passado sem saber que o repete. O paciente resiste à lembrança e atua. O tratamento é a paciência do terapeuta aliada à coragem do paciente que, perlaborando, deve contar tudo. É o trabalho da rememoração contra a compulsão à repetição. O paciente busca uma relação verídica com o passado, que se obtém com o trabalho de luto. No luto, há a passagem da repetição à lembrança. É um trabalho doloroso, mas que libera o ego e desinibe a libido. Quando o paciente consegue se lembrar do fato real, reconhece o seu sofrimento e se liberta. O trabalho de luto é a conquista pela rememoração de uma "reconciliação possível" entre o evento traumático do passado e a vida presente, que pode agora prosseguir.

Para Ricoeur, pode-se transferir Freud para a memória coletiva, porque o indivíduo que sofre está em relação com o outro na família, na sociedade, na história. A identidade é pessoal, comunitária e social. Há transtornos coletivos, perdas, que afetam o território, o poder, as populações, o Estado. Os rituais e comemorações cívicas são um trabalho de luto coletivo. A história é marcada pela violência, guerras, atentados explosivos, balas perdidas, assaltos à mão armada, estupros, rumores falsos, traumas da vida social. A memória coletiva também carrega perdas, que podem levar à compulsão à repetição. Só o trabalho da rememoração pode vencer a compulsão à repetição e a passagem cega ao ato. Pela elaboração da lembrança, o presente se reconcilia com o passado. A lembrança elaborada oferece a "memória crítica": o reencontro com a realidade. O trabalho de luto é necessário também na vida social e, talvez, esta seja a tarefa da historiografia. O verdadeiro trabalho de luto é um restabelecimento da relação com a realidade exterior dos fatos e a recuperação da dimensão de busca da fidedignidade interior da memória: rememorando, lembrando, perlaborando.

O terceiro abuso da memória é ideológico: a "memória obrigada". Aqui, o poder manipula a memória, a razão estratégica se impõe à razão comunicativa. O problema é o da identidade nacional e pessoal; a memória é abusada para responder à questão: "quem somos nós?". O abuso: respostas esquemáticas, que oferecem origens divinas e destinos manifestos, que transformam criminosos em semideuses. A ideologia manipula a identidade de forma dissimulada, opaca, distorcida, legitimando o poder atual, usando meios simbólicos para impor a integração/dominação. A obediência é imposta pela "aculturação". Mas, quem denuncia a ideologia diz a verdade? A crítica da ideologia é uma purificação do pensamento? Não seria outra manipulação, outra propaganda? Para Ricoeur, esta é a força e a fraqueza do marxismo, que o trágico século XX conheceu/viveu. A manipulação ideológica da memória é feita através de "configurações narrativas" que impõem a identidade organizando a memória. É uma história oficial, uma memória autorizada, celebrada, institucionalizada, ensinada, comemorada, que lembra/esquece para legitimar poderes. A memória individual é soldada à coletiva sem a possibilidade de diferenciação.

Nestes três abusos da memória, pode-se perceber que o distúrbio é o mesmo: a repetição cega. A historiografia está exposta fortemente a esse distúrbio da memória em suas três manifestações: ela pode decair em uma memorização congelada de datas, personagens e eventos, pode decair em repetição de atitudes políticas, sociais e culturais preconceituosas, que podem levar à repetição da tragédia do passado, pode decair em história oficial, em comemoração oficial de um passado manipulado pelos poderes atuais. Para resolver estes distúrbios, para restabelecer a saúde do indivíduo e da sociedade, a única solução, para Ricoeur, fortemente influenciado por Freud, é o acesso à "memória crítica", pela rememoração, pelo reexame da documentação e da cronologia, pela narração incessantemente retomada da experiência vivida.

O esquecimento

O "dever de memória" é não esquecer, mas a sua vulnerabilidade é tão ameaçadora que, talvez, o "medo de esquecer" explique os abusos anteriores. O esquecimento dá medo! E, por isso, exagera-se na memorização, na melancolia, na ideologia. O esquecimento é ausência não presentificada, é o não reconhecimento do passado no presente. Com o envelhecimento, a cera interna se derrete levando à perda ou deformação da primeira impressão. O esquecimento é uma antecipação da presença da finitude/morte. O que sofre de Alzheimer morreu pela metade. Diante de uma ameaça tão assustadora, ficamos felizes quando resgatamos um pedaço do passado. Contudo, não queremos também uma memória monstruosa, que não esquece nada, o esquecimento não deve ser sempre inimigo da memória. Ricoeur gostaria de estabelecer uma "justa medida" na relação entre memória e esquecimento, em busca de uma "justa memória".

Ricoeur se refere a três tipos de esquecimento: a) *o esquecimento por apagamento de vestígios,* que tem sentidos diferentes para especialistas diversos. Para o neurocientista, trata-se da perda de vestígios corticais, uma perda que parece definitiva, ainda, porque não dominamos o cérebro; para o psicanalista, o vestígio psíquico é íntimo, o esquecimento ocorre quando a lembrança torna-se inconsciente, posta indisponível, inacessível; para o historiador, o apagamento do vestígio histórico é a inexistência de fontes. Esquecer é não ter fontes para uma época passada; b) *o esquecimento de reserva*: é uma lembrança latente, não impedida, um tesouro do que vi, ouvi, experimentei uma vez. É um esquecimento reversível, que depende de retrospecção e reconhecimento; c) *o esquecimento manifesto*, que é exercido pela memória manipulada. É um esquecimento estratégico, astucioso. Na memória impedida, o esquecimento é repetição em lugar da lembrança, a repetição impede a tomada de consciência de um evento traumático, que permanece indisponível; na memória ideológica, a configuração narrativa seleciona datas, eventos, personagens e cria um esquecimento estratégico, que justifica poderes e posições de poder. Ricoeur destaca uma variação do esquecimento manifesto, a anistia, imposta pelo Estado, para interromper a violência. Cria-se um "passado proibido", porque lembrar o mal é desencadeá-lo. Esta amnésia imposta é uma terapia social de urgência, útil, mas pode ter um custo muito alto, que é apagar da memória crimes que poderão ser repetidos no futuro.

Os abusos da memória e o esquecimento definitivo constituem a vulnerabilidade da memória. Para controlar os abusos e vencer o esquecimento, para restabelecer a relação realista com o passado, a memória envolveu-se na "armadura da escrita", na historiografia. Contudo, a escrita seria uma proteção da memória ou mais um veneno? A escrita seria o remédio que a salvaria ou seria uma terceira e ainda mais perigosa vulnerabilidade da memória?

Historiografia e memória: relação conflituosa

A historiografia quer substituir a memória, ser o seu antídoto? A memória está implícita na escrita da história, mas a historiografia toma distância dela, duvida dela e, para opor-se a ela, recorre à exterioridade do vestígio arquivístico. A historiografia é um "trabalho de memória", que busca a lembrança com a pretensão de verdade e fidelidade. Ela quer se lembrar do que de fato aconteceu. Ela receia que a memória esteja sendo sempre assombrada pela imaginação e sendo vítima de abusos diversos. Por isso, a escrita se autonomizou da memória viva e representa para ela um limite, uma referência material, real, exterior. A historiografia mantém relações complexas com a memória. Por um lado, a memória é a matriz da historiografia, a sua matéria primeira. A historiografia é só uma forma de transmissão da memória e representa para ela um enriquecimento, um aprofundamento. A historiografia conserva lembranças e comemorações revelando a memória a ela mesma, cada vez mais. O jovem que chega mais tarde é iniciado na memória do seu grupo pela historiografia, que o torna "culto" do seu mundo, o "educa" para ser capaz de interferir em sua realidade. Como intermediária entre os indivíduos e a memória do seu grupo, a historiografia mantém com a memória uma relação de complementaridade, de suplementação, potencializando-a, aumentando o seu poder, protegendo-a das suas vulnerabilidades: os abusos e o esquecimento.

Por outro lado, a historiografia se opõe à memória de duas formas: a) os judeus são muito cultos e letrados, mas a sua memória não é historiográfica. Eles mantêm a sua identidade viva pela "rememoração", sem recorrer à escrita. O "sentido histórico" não é dado pela historiografia, mas pela revelação bíblica. A historiografia, aqui, é uma interferência exterior na memória interna, viva, e há certo mal-estar na relação entre memória religiosa e historiografia. O que os judeus querem evitar é a autonomia da escrita, que faz a crítica da memória, apoiando-se em documentos e na cronologia, que impede a aceitação ingênua da fundação religiosa do povo judeu; b) na cultura ocidental, há também um mal-estar com a historiografia dominada pela memória do Estado-nação, servindo a uma lembrança obrigatória para os mais jovens. A "memória histórica" ensinada na escola do Estado, com suas datas, personagens e eventos, é uma "aculturação". O estudante aprende uma história exterior da qual não foi testemunha. É uma história, anônima, em que a memória individual submerge na memória coletiva. Por isso, no século XX, os historiadores franceses radicalizaram a autonomia da historiografia em relação à memória, romperam com a memória, reduzindo-a a um de seus "novos objetos". Para Ricoeur, este foi um evento intelectual novo: a historiografia pós-horrores do século XX desconfia completamente da "memória viva", que considera uma ideologia perigosa, e submete a uma crítica irreverente e iconoclasta a "memória histórica" do Estado-nação. A historiografia é memória de arquivo e os "sagrados lugares de memória" passaram a ser tratados apenas como vestígios/documentos da "história da memória". A história da memória é uma dessacralização, uma não confirmação da memória nacional, assim como a "história das religiões" é feita sem fé. Influenciados por Foucault, os historiadores da memória enfatizam as suas descontinuidades e parecem querer retornar, em novos termos, ao projeto positivista de uma historiografia imunizada de subjetividade (Veyne, 1983; cf. Nora, 1984-92).

Ricoeur ao mesmo tempo valoriza este esforço de emancipação da nova historiografia francesa da memória abusada e manipulada pelo Estado-nação e discorda com veemência, porque a memória não pode se reduzir a apenas um "novo objeto" da historiografia! Para ele, a memória e a historiografia não devem se divorciar tanto assim. O reconhecimento de si mesmo é onde culmina o desejo reflexivo da memória e a historiografia deve contribuir para a busca da memória pacificada, feliz. É esta a sua missão. Não é do historiador que depende a memória que escreveu, mas do cidadão que se apropria dos seus textos. A incorporação da historiografia à memória é feita pelo destinatário do texto. Uma historiografia completamente separada da memória seria apropriada por quem, seria escrita para quem, sobre qual mundo? E quem teria interesse nela, quem leria os seus escritos e financiaria as pesquisas históricas? Para Ricoeur, a historiografia presta um serviço inestimável à memória impondo-lhe uma crítica radical, mas cometeria suicídio se rompesse com ela.

O fato é que as relações entre a memória e a historiografia são difíceis. Para a memória, a historiografia seria um remédio ou um veneno? Quando começou a escrita da história? A escrita da história é posterior à memória e seu começo pode ser entendido como uma "prótese" para potencializá-la. Não é possível determinar precisamente quando começou a escrita. Ricoeur menciona o mito que aparece na obra de Platão, *Fedro*, que se refere ao surgimento da escrita em geral, que estende à historiografia. Diz o mito que Deus ofereceu a escrita ao rei, como remédio, prometendo que traria mais saber, mais ciência, mais memória. Mas, o rei a recusou, alegando que o que traria era o esquecimento, pois a memória não seria mais exercida. A escrita exterior substituiria a memória interior, a memorização substituiria a rememoração. A historiografia reduziria a memória a uma técnica e congelaria a vida, escrevendo-a de uma vez por todas e exigindo uma memorização artificial. A historiografia ao ser repetida sem ser problematizada tornar-se-ia um veneno. O livro existiria sozinho, sem autor e sem leitor. A escrita seria um depósito morto. Contra este veneno da escrita, o rei preferia a memória verdadeira, que sabe o que diz, que não se separa do seu enunciador, que sabe se defender e não se cala. É na alma, e não em pergaminhos e livros, que a verdadeira memória está inscrita. A memória viva tem alma, semeia, fecunda (Pomian, 2002; Nora, 2002).

Contudo, a memória viva envelhece, esquece, e não pode e nem precisa abrir mão da historiografia. Para Ricoeur, não precisa haver necessariamente a oposição entre "memória viva" e "escrita morta", mas articulação. As duas podem manter uma relação de jogo, uma dialética aberta e viva. Uma memória instruída, esclarecida pela historiografia, e uma historiografia capaz de reanimar a memória declinante, que a reatualiza, que reefetua o passado, podem ser úteis à vida. Memória e historiografia podem ter uma relação de proteção recíproca, avaliando, corrigindo, limitando os excessos uma da outra. A contribuição maior da historiografia à saúde mental e política de uma sociedade é o seu esforço de separação da realidade objetiva da imaginação delirante, para proteger a memória e não para substituí-la. O trabalho de memória e a sua fixação pela escrita são indispensáveis na busca do reconhecimento de si dos indivíduos em seus grupos, dos grupos em relação aos outros e da humanidade como união universal dos grupos e indivíduos.

A operação historiográfica

Ricoeur evita posições antagônicas, conflituosas, que levem à ruptura da comunicação e à violência. Calvinista, a sua fé exige uma boa vontade de pacificação, de religação entre os homens. Mas, não é como religioso que ele intervém no debate historiográfico. Para ele, o objetivo do esforço intelectual é criar conexões, articulações, restabelecer a possibilidade do diálogo, por mais difícil que seja a relação. Um especialista da linguagem fracassaria se concluísse o seu trabalho optando pelo fim da comunicação, que desencadearia a violência. Um intelectual deve explorar todas as possibilidades da linguagem, deve tornar produtivas as aporias, deve ir atrás das "relações difíceis", para reatar a comunicação e torná-las menos dramáticas. Em suas obras *Tempo e narrativa* e *A memória, a história, o esquecimento* procurou melhorar as relações entre a memória viva e a escrita da história e, talvez, por isso, tenham se tornado as referências maiores da teoria da história pós-89. Os historiadores receberam muito bem, sobretudo, a segunda, onde ele se estende sobre a "operação histórica ou historiográfica", dialogando com historiadores clássicos como Febvre, Bloch e Braudel e atuais como De Certeau, Hartog, Chartier e Dosse. Nesta obra, ele reinterpreta o trabalho do historiador, procurando situá-lo no que denomina "idade hermenêutica da Razão" (Greish e Kearney, 1991).

Ele distingue na operação historiográfica três fases: a fase documentária, a fase explicativa/compreensiva, a fase representativa (escrita-leitura). Ele usa o termo "fases" porque são momentos metodologicamente diferenciados, mas não cronologicamente. A fase documental já implica um projeto de explicação/compreensão e a explicação/ compreensão já implica uma forma literária/narrativa. São "fases operatórias", operações conjuntas, uma não é infra e a outra superestrutura. O termo "historiografia" designa as três e não somente a terceira fase, a representação escrita. A história é do princípio ao fim escrita: o arquivo já é escrito, a explicação/compreensão é escrita, a representação é escrita. Por um lado, Ricoeur tem razão, a operação historiográfica é o conjunto destas três fases, mas, por outro, não se pode eliminar completamente uma certa cronologia, que, de fato, existe: o historiador não pode passar à representação antes da fase documentária, que, aliás, não é exclusivamente escrita, mesmo se a pesquisa documental já seja dirigida por problemas e hipóteses e pelo "estilo de escrita" do historiador (Chartier, 2002 e 2007; Villela-Petit, 1989).

A fase documentária: a exterioridade do vestígio

A historiografia se apoia sobre uma "memória arquivada", sobre "inscrições", sobre "marcas exteriores", para proteger a memória da sua contiguidade com a imaginação. O seu ponto de vista é "objetivante": a lembrança é de uma experiência vivida localizada e datada. O testemunho diz: "eu estava lá, eu presenciei, eu vi". Se um testemunho diz: "eu vi um Ovni e fui abduzido", o historiador perguntará sobre o local, a data e horário, se há testemunhos oculares, se há evidências exteriores, como marcas no corpo, objetos exóticos, enfim, provas concretas. A historiografia se apoia primeiro na exterioridade espacial onde o evento ocorreu: uma rua, um beco, uma casa, uma cidade, uma paisagem. Depois das marcas exteriores do lugar, a documentação se refere à data, que revelará quando o testemunho esteve lá, se antes, depois, durante, desde quando. A data é um dado do tempo calendário, que é um sistema de datas extrínseco aos eventos. Todo evento se inscreve neste espaço-tempo exterior: local/data. O historiador que se equivocar em relação ao local e à data do evento estará mergulhado na imaginação! A organização cronológica, a sucessão rigorosa dos momentos que constituem um evento e dos eventos entre si, deve ser visível em uma documentação objetiva. Enfim, a historiografia se lembra de eventos concretos: individualidades exteriores, determinadas, visíveis, perceptíveis, datadas. O discurso histórico, nesta fase, se aproxima do discurso policial e jurídico: sem dados exteriores, sem provas materiais, não há evento, não há problema a ser resolvido, não há história a ser contada.

Os testemunhos e as provas são o conteúdo do passado. A questão é: até que ponto são confiáveis? A simples exterioridade das provas pode garantir que o evento ocorrido foi tal como elas o apresentam? O testemunho ocular declara que esteve presente e pede que acreditem nele. Ele é interrogado e avaliado, confrontado com outros, e só passará a valer se for aceito. Então, ele se torna um dado estável, reiterável, que pode ser reaberto e reavaliado por qualquer um. Ele se torna uma "memória arquivada". No arquivo, começa a escrita da história. Ele é lido, consultado. O historiador é leitor, o texto é exterior, tem autonomia. O arquivo está lá, um depósito, que reconhece, conserva, classifica a massa documental para consulta. É um lugar físico, que abriga a documentação, é uma instituição, um "lugar social", que permite e interdita discursos. Ele não tem um destinatário designado, dirige-se ao público em geral, a quem sabe e quer ler. O historiador é um frequentador especial, especializado, do arquivo. Ele o visita porque tem de mostrar como pode afirmar o que afirma. A história é pesquisa/investigação. Os materiais dos arquivos são disparates, exigindo técnicas diferentes e sofisticadas. Na escrita da história do presente, documentos escritos e testemunhos orais se completam.

O historiador luta contra o documento falso para fazer falar o verdadeiro. A luta do historiador é contra a enganação, a fraude, a interpolação, a manipulação, erros involuntários, inexatidões patológicas, a propaganda, a censura, o plágio. O seu argumento deve ser plausível, provável. A crítica histórica se põe entre a credulidade e o ceticismo. O historiador não pode ser crédulo, pois lida com homens, cujas paixões e inteligência os tornam sempre estratégicos, manipuladores, disfarçados, atores. A credulidade em história é proibida. O historiador não pode também ser cético, pois destruiria o testemunho, para provar que é sempre falso, e não teria mais material para trabalhar. O historiador deve assumir uma "atitude crítica", que reúne credulidade e ceticismo. Ele deve ser um "crédulo cético"! Primeiro, crédulo, deve receber a informação, acolher o documento; depois, cético, deve duvidar, desconfiar, suspeitar e processá-lo, elaborá-lo. A confiança no documento não deve ser fundada na declaração de intenção do próprio documento, mas construída pela "dúvida metódica" do historiador. O historiador não dá a confiança, ele a elabora objetivamente. A atitude crítica é tão essencial à historiografia que até abole a diferença tradicional entre "falso" e "verdadeiro". Para o historiador crítico, até o documento falso traz uma informação objetiva sobre o assunto que está tratando. Todo documento é uma informação, um conteúdo do passado, e se os "falsos" fossem descartados, poderíamos ficar à míngua de provas. E, depois, foi falsificado por quê?

Contudo, todo este esforço da prova documental, todo este trabalho de objetivação, pode garantir a "verdade histórica", isto é, pode salvar a memória dos abusos aos quais está exposta? Não, porque a prova não fala por si. O historiador vai ao arquivo com questões e constrói as provas para "desenvolvê-las" (as questões). Não há observação da documentação sem problemas e hipóteses. Os documentos só falam para confirmar ou não as hipóteses levantadas pelo sujeito da pesquisa. É a questão histórica que permite separar, triar, avaliar a documentação. O documento não é dado, não vem em busca e não se impõe ao historiador. Este o procura e, claro, o encontra. A questão constitui a fonte. Assim, o que pode ser provado não é o "evento tal como se passou", mas a hipótese que o representa. O discurso histórico é proposicional: o historiador formula o enunciado "no Brasil colonial, os escravos eram negros e eram açoitados em pelourinhos" e busca e encontra as provas. Ricoeur distingue "fato", que é o discurso, a coisa dita/escrita, do "evento", o referente, a coisa da qual se fala/escreve. O passado é de eventos, que o testemunho viu, mas a historiografia é de fatos. Os "fatos da historiografia" se referem aos eventos e os representam tais como foram? Eis a questão da verdade documental.

Na fase documentária, a historiografia pretende opor "dados exteriores" ao excesso de subjetividade-interioridade da memória. Ao dar ênfase à exterioridade do vestígio, o conhecimento histórico quer curar a memória, tornando-a rememoração e luto. A historiografia suspeita dos testemunhos, coloca-os em crise, para restaurá-los pela crítica e estabelecer uma narrativa provável, plausível. A historiografia restabelece a relação da memória com a realidade ao buscar a sua verdade exterior. Ela pretende acender a luz contra a obscuridade dos abusos da memória. Entretanto, se a fase documental já está atravessada pela leitura, pela interpretação, por questões, por hipóteses, é porque a memória retorna e tenta submeter a historiografia, que procurava se autonomizar. A historiografia volta a ser "memória interior" e, em vez de cura da memória, pode se tornar um enrijecimento dos seus males, que exigirá um novo esforço de objetivação na fase explicativa/compreensiva. A relação entre historiografia-memória é pendular: um ir e vir incessante do interior ao exterior, do exterior ao interior.

A fase da explicação/compreensão: um novo esforço de objetivação

Para Ricoeur, Weber superou a discussão que, no século XIX, opunha a "explicação causal" das ciências naturais (nomotéticas) à "compreensão empática" das socio-históricas (idiográficas). Weber teria resolvido o problema da "compreensão empática" (*verstehen*) diltheyana ao articulá-la à explicação causal. As ciências humanas não podem ser somente "compreensivas", devem incluir um esforço de explicação, e Ricoeur adotou este ponto de vista weberiano, adaptando-o à sua hermenêutica fenomenológica. Isto quer dizer que, embora adote o ponto de vista weberiano, continua herdeiro de Dilthey, um dos pais da hermenêutica. Dilthey foi importante para Ricoeur, embora este faça outra coisa com a sua herança hermenêutica. Para ele, o conceito de "compreensão", em Dilthey, deixou de ser satisfatório, porque implica dois métodos científicos, duas ontologias, comprometendo a unidade do saber. Ricoeur busca construir conectores que conciliem explicar e compreender. Para ele, a compreensão prevalece sobre a explicação, mas não pode existir sem esta, são operações cognitivas complementares. A explicação exige a compreensão, porque não há "coisa social", mas relações intersubjetivas. A compreensão exige a explicação, porque a ação é contextualizada e, para ser responsável e eficiente, precisa conhecer os seus limites. A ação é como um texto: assim como o texto é ao mesmo tempo exterior ao leitor e apropriado e aplicado por este, na ação, não há a oposição constituído/constituinte: a instituição social é exterior, é uma fonte normativa que interpela o ator e limita o sentido da sua ação. Mas, não é só coercitiva. A instituição assegura a mediação entre a conduta imposta e a criação de sentido. Portanto, não há antinomia: "explicar mais é compreender melhor" (Ladrière, 2004; Dunphy, 1991).

Nesta fase da operação historiográfica, a autonomia da história em relação à memória torna-se maior, tendo em vista que a historiografia retoma o esforço de escrita e objetivação. Essa fase já estava imbricada na precedente: as questões já são um projeto de explicação/compreensão, é em relação a esse projeto que o documento prova. A explicação/compreensão encadeia os fatos respondendo objetivamente à pergunta "por que ocorreram?". As obras de história usam e combinam modos disparatados de explicação/compreensão: a *teleologia*, que explica a origem e o desenvolvimento pela finalidade da história, a realização de uma utopia; o *marxismo*, com as suas leis de evolução histórica e conceitos; *modelos*, com o uso da imaginação científica, formulam-se as relações simples e ideais que revelam a lógica de processos reais complexos; a *história quantitativa*, que busca regularidades, causas, probabilidades; a *explicação por razões*, uma "imputação causal singular" que se apoia sobre o exame do contexto, das circunstâncias, das possibilidades objetivas de uma situação determinada, os fins da ação etc.

Em *A memória, a história, o esquecimento*, Ricoeur faz uma história do modo de explicação/compreensão histórica da Escola dos Annales: da história das mentalidades coletivas à história das representações. E parece querer demonstrar que houve um "progresso" da primeira à última geração, não considerando as suas mudanças como expressões historiográficas de épocas diferentes da história ocidental. Para ele, quando Febvre, Bloch e Braudel lideravam o grupo, as explicações/compreensões dos Annales eram macro-históricas. Febvre e Bloch buscavam a regularidade, a fixidez, a permanência das "mentalidades coletivas". Febvre cunhou a categoria "equipamento/instrumental mental" (*outillage mentale*) para definir um modo de pensar e sentir que se impunha a todos os indivíduos de uma época, mesmo aos mais rebeldes, como Rabelais e Lutero. Bloch impôs a crença no poder milagroso do rei a todos os indivíduos, durante séculos, e Braudel impôs as estruturas do mundo mediterrâneo a todos, inclusive, ao próprio Filipe II. Ricoeur considera esta primeira historiografia dos Annales muito durkheimiana, um determinismo sociológico, um behaviorismo histórico, um modo preguiçoso/tosco de explicação, que suprime a diferença individual. E interpela: "o coletivo seria tão indiferenciado assim?" (Delacroix, 2007).

Ele menciona outra forma de explicação/compreensão macro-histórica, o processo civilizador, de Norbert Elias, que os Annales reivindicaram como compatível com a sua interpretação da história. O processo civilizador é de grande amplitude. Elias vê uma relação nuclear entre o Estado e os indivíduos, que explica a dinâmica da história ocidental e tende a orientar o processo histórico universal. Para ele, o Estado, ao centralizar a cobrança de tributos e a força, levou necessariamente à "civilização", que quer dizer: interiorização de pressões, autopressão, *habitus*. Há interdependência, e não determinismo, entre a pressão política e a sensibilidade e o comportamento humanos. O processo civilizador é racional não porque é planejado ou desejado por alguém ou pelo próprio Estado. A racionalização torna-se um autocontrole que os indivíduos civilizados se impõem. A civilização diminui os contrastes, homogeneíza o comportamento, que se torna previsível, pacificando o espaço público, permitindo a convivência, a criação e as trocas de bens materiais e simbólicos.

Foucault foi um dos primeiros a reagir a estas formas macro, autoritárias, de explicação/compreensão. Foucault não aceita a sincronia imóvel das mentalidades e nem a sucessão linear dos eventos, que levaria ao reencontro da consciência consigo mesma. A *Arqueologia do saber* multiplica as diferenças, evita a continuidade da consciência do sujeito, explorando descontinuidades, rupturas, falhas, redistribuições. Ele evita o hábito do historiador de explicar fazendo transições, enfatizando a continuidade. Michel de Certeau seguiu Foucault até certo ponto, contra toda história totalizante, fazendo aparecer as diferenças, o particular, o excepcional. Mas, ele se afasta de Foucault ao defender que o discurso tem um sujeito e um lugar. A micro-história italiana, depois, mostrou as estratégias de indivíduos, famílias e grupos, pondo em questão a presunção da submissão dos atores sociais inferiores às pressões simbólicas hierarquizadas. A micro-histórica revela os conflitos, as negociações, a incerteza do vínculo social. A pressão macro existe, é real, mas não se impõe a indivíduos e grupos passivos e inertes. A sua pressão é recebida, apropriada, transformada. Na historiografia dos últimos Annales, há um retorno da subjetividade, descentrada, excêntrica, capaz de produzir inovações de sentido.

Ricoeur opõe as explicações/compreensões macro e micro, as antagoniza, para "fazer aparecer" o progresso da solução dialética: a "variação de escalas", de Jaques Revel. Os primeiros Annales eram macro-históricos, o seu olhar era da estrutura para baixo, um olhar sem flexibilidade. A "variação de escalas" trouxe essa flexibilidade ao olhar do historiador e, para Ricoeur, foi uma "importante conquista" do século XX, que transformou a história das mentalidades em história das representações. A hipótese da "variação de escalas", de Jacques Revel, é que, quando se muda de escala, uma noção extraída da cartografia e da ótica, não se vê as mesmas coisas e conexões. Há heterogeneidade da informação segundo a proporcionalidade das dimensões da observação. A explicação/compreensão histórica vai do microscópico ao telescópico e pode retornar ou não ao microscópico, sem se fixar em uma única dimensão. O exemplo do forte impacto que o olhar microscópico impõe à explicação/compreensão histórica é Menocchio, da obra de Ginzburg, *O queijo e os vermes*. Se Febvre oprimiu Rabelais impondo-lhe a estrutura mental do século XVI, Ginzburg ao mesmo tempo prendeu/ emancipou Menocchio do seu tempo: era um leitor e argumentador, não estava dominado por uma mentalidade inerte, obscura e inconsciente, por uma cultura comum e uniforme. Entretanto, foi condenado à morte, o que revela a força da macromentalidade coletiva, que ele desafiou.

Portanto, para Ricoeur, a história das representações é "melhor", "mais perfeita", do que a história das mentalidades, pois leva ao extremo a ideia de variação de escalas. É um conceito mais dialético, que exclui a abordagem estritamente global. Este ponto de vista foi exposto com mais consistência na obra coletiva *Les formes de l'experience — une autre histoire sociale* (*As formas da experiência — uma outra história social*), organizada por Bernard Lepetit (1995). É uma abordagem pragmática que enfatiza as práticas sociais e as representações integradas a elas. Ricoeur se sente em sintonia com esta "razão pragmática", que, para ele, confirma e se articula à sua "hermenêutica da ação". Para essa razão pragmático-hermenêutica, o objeto histórico é "o vínculo social, as redes de sociabilidade, as construções das identidades sociais". O modelo braudeliano não é abandonado, mas fala-se mais em "estruturação" do que em estrutura, quando se trata de normas, costumes, regras de direito, que mantêm a sociedade coesa. O jogo de escalas é um modo de explicação/ compreensão privilegiado, que mostra a dialética de representação/prática social (Chartier, 2002 e 2007).

Nesta nova perspectiva, não há polaridade social: cultura erudita × popular, força × fraqueza, autoridade × submissão. A visão macro não foi refutada, Elias e Braudel continuam valendo, mas somente como uma variação de escala. O que se vê é um jogo social complexo, feito de circulação, negociação, apropriação. A ação dos indivíduos não é percebida nem como simples repetição inerte da mentalidade coletiva e nem como vontade de ruptura radical com a ordem. As ações são tratadas como "forças de criação e resistência". Os agentes sociais são considerados competentes na negociação dos conflitos em que estão envolvidos. Entre a justificação e a denúncia, a ação busca o "ajustamento", uma "integração transformadora" da ordem. O reconhecimento social não é nem vertical e nem estático, mas obtido na pluralização do vínculo social. A utopia é a de uma humanidade diferenciada, complexa, uma história feita pelos homens ainda, mas com ações responsáveis, em direção a um futuro indeterminado, redefinido a cada presente. A meta macro da história ocidental continua sendo o "processo civilizador", que trará a liberdade e igualdade dos cidadãos, mas sem a supressão da micropolítica. Uma humanidade diferenciada não se opõe ao ideal da liberdade e igualdade; ao contrário, o enriquece, tornando-o complexo.

A fase da representação narrativa: a escrita e a leitura

O livro de história é o coroamento do "fazer história". Arrancado pelo arquivo do mundo da ação, o historiador se reinsere levando o seu texto aos leitores. O livro é a representação científico-literária, que fecha e dá visibilidade à operação historiográfica. Esta terceira fase é uma "configuração narrativa", um "texto", uma intriga, que articula a fase documentária à fase da explicação/compreensão. Para Ricoeur, a história nunca deixou de ser narrativa, mesmo a mais quantitativista, a mais estruturalista, a mais conceitual. O estatuto epistemológico da historiografia sempre foi "narração de eventos", porque o historiador "explica" os eventos relatando-os, narrando-os. Toda discordância, oscilação, flutuação, emergência, variação, é um evento, que a narrativa tem de fazer concordar. É a tensão do evento que faz avançar a narrativa. A narrativa conecta todos os eventos entre si, a sua coerência define o que o evento é/foi. A coerência narrativa define a identidade dos atores históricos, define o valor moral dos personagens, protagonistas, antagonistas. A intriga é síntese do heterogêneo, que integra o evento como parte do seu todo. Para os estruturalistas, esta "configuração narrativa" da terceira fase é fechada em si mesma, não tem uma referência extratextual, o que é devastador para a historiografia. Para eles, o discurso historiográfico é performativo e padece de uma "ilusão referencial". Ricoeur discorda: a referencialidade da historiografia é específica e tripla: documentação/explicação-compreensão/intriga. Não se deve avaliar a relação da historiografia com o mundo exterior apoiando-se somente no texto/representação final, mas em toda a operação historiográfica. As narrativas histórica e de ficção se entrecruzam, mas se distinguem. Os eventos históricos exigem a verdade. Os exemplos da Shoah, das bombas de Hiroshima e Nagasaki, dos *gulags*, do extermínio dos indígenas da América põem em evidência todo o valor e a necessidade da narrativa histórica. O historiador-cidadão tem uma responsabilidade ética em relação ao passado.

Talvez se possa dividir esta terceira fase em dois momentos: o da escrita pelo historiador e o da leitura pelo cidadão. Ou supor que esta "leitura" seja uma quarta fase da operação historiográfica, pois, na verdade, é ela que finaliza e coroa o "fazer história". É através da refiguração que a operação historiográfica retorna ao mundo, à vida, e transforma a experiência. A diferença entre a narrativa histórica e a ficcional se realiza na leitura, na recepção pelo leitor/auditor do texto historiográfico. Ao ler um romance, o leitor se prepara para o irreal, suspende a sua incredulidade e joga o jogo do "como se tivesse acontecido"; ao ler história, o leitor entra no arquivo, torna-se crítico e exige o plausível. A confusão não é admissível: se o discurso histórico é literário, tropológico, para ser legível e dar forma e visibilidade ao passado, ele é sobretudo "*representance*", isto é, o seu objetivo é reapresentar, tornar presentes eventos e personagens que realmente existiram. A operação historiográfica como um todo inclui: a forma literária, a explicação/compreensão, a documentação e a leitura/refiguração, e é o conjunto da operação que dá credibilidade ao discurso histórico.

Contudo, para Ricoeur, a credibilidade da operação historiográfica não se resolve apenas na dimensão epistemológica. A epistemologia da história se apoia em algo mais profundo, em uma ontologia histórica: a condição humana, que é ser no tempo. A hermenêutica histórica se funda em uma hermenêutica ontológica. Fazemos história e lemos/discutimos o passado porque somos históricos. A própria historiografia tem a sua historicidade. A dimensão ontológica é tão essencial que, para Heidegger, a rigor, a historicidade como "inquietação com a finitude" (*souci do Dasein*) é incompatível com a sua objetivação pela historiografia. A condição histórica não é um objeto possível da ciência, é inenarrável, a sua objetivação é impossível. O filósofo critica o uso instrumental, como coisa dada e manipulável, que o historiador faz do passado. Para Heidegger, o passado é indisponível, a experiência vivida não é objetivável, e quando a historiografia a narra, a "vulgariza", a "banaliza". Não se pode conhecer o passado pelos vestígios; pelas coisas-vestígios não se reconstitui a "passeidade" do ser. A partir dos vestígios, o-que-não-é-mais, o mundo ao qual estas coisas pertenceram não é apreensível como tendo sido. "Coisas" não expressam o ter sido. A historiografia pertence ao tempo vulgar, não coincide e não resgata o tempo autêntico da inquietude do ser-aí. Ricoeur discorda: é a experiência da finitude que exige a operação historiográfica. A historiografia é uma forma de enfrentamento da finitude/morte, na medida em que realiza o "dever de memória" e resgata a dívida com o outro passado.

Para o historiador, o passado foi um presente-passado, um tendo-sido vivo, que exige a fidelidade do conhecimento histórico. Por um lado, o historiador trata dos mortos do passado, a história mostra o desaparecimento de homens vivos. Mesmo a história estrutural trata da morte, porque falar do anonimato das massas não elimina o fato de que cada indivíduo morre. A operação histórica é um "ato de sepultamento", um trabalho de perda e luto. É um discurso sobre o "presente que falta", sobre "a voz que não se ouvirá mais", sobre o "rosto que desapareceu". Diz a tradição que um homem insepulto não gozará jamais da paz eterna. O historiador dá voz, faz falar os mortos. A linguagem é a morte pacificada e a operação histórica é um face a face com a morte. A história articula o silêncio diante da finitude, dá sentido à experiência, e, escrevendo, sepulta os homens desaparecidos. A historiografia é um gesto de carinho e respeito pelos antepassados: registra o seu desaparecimento, lembra-os, guarda-os, mantendo-os vivos na linguagem do presente. Por outro lado, o historiador não trata só dos mortos, aos quais dá sepultura. A historiografia é uma promessa de vida. Os mortos eram vivos e a historiografia faz a celebração da vida vivida. O referente do historiador é o vivo passado, a história é a ciência do vivo falante em curso de instituição, os mortos do passado foram vivos. O historiador é o homem da retrospecção: repensa o que foi pensado, recria o que foi feito. Os vivos do passado agiam, tinham a capacidade de produzir vínculo social e identidades. O ponto de vista historiográfico é um "choque em retorno" do futuro sobre o passado. O historiador retorna ao presente-passado e sabe que aqueles homens tinham expectativas, previsões, desejos, temores e projetos. A operação historiográfica não pode ser cega às possibilidades não realizadas do passado. O seu objetivo é dizer a verdade e resgatar a dívida com os antepassados. O historiador é o mediador, o intermediário que viabiliza um diálogo impossível entre os homens do presente e os homens do passado, que, para ele, são vivos ainda.

A memória feliz: o "milagre do reconhecimento"

Ao longo da obra *A memória, a história, o esquecimento*, Ricoeur procura reunir memória e historiografia, pacificar a sua "relação difícil", demonstrando que o objetivo de ambas é o mesmo: vencer o esquecimento. O final feliz da pesquisa historiográfica não pode ser a suspeita radical e a supressão da memória; ao contrário, deve ser a conquista de uma "memória feliz". A operação historiográfica feliz e a memória feliz são "felizes" porque, ao se reunirem, oferecem um prazer supremo, único: o "milagre do reconhecimento". O reconhecimento é o enigma da presença ausente, a presença da alteridade que não é mais, a lembrança-presente, que corresponde fielmente à marca impressa na memória. A lembrança é representação no duplo sentido: para trás e de novo. O passado reconhecido é "passado percebido", apropriado, humanizado, transformado em linguagem. O reconhecimento revela toda a distância entre a lembrança psíquica e a lembrança neurocientífica. A imagem presente não é apenas tida como fiel à primeira afecção, mas uma "revivência". O reconhecimento não é um controle técnico da memória, uma repetição natural e cega do passado. Não é memorização, mas rememoração. Não é decorar, mas conhecer "pelo coração": a imagem me volta e meu coração diz, "é ele, é ela, eu a/o reconheço". Um ser foi presente, ausentou-se, voltou; apareceu, desapareceu, reapareceu. O reconhecimento reúne o reaparecer ao aparecer através do desaparecer. É uma "pequena felicidade"! No reconhecimento há presença da ausência, presença que permanece. O reconhecimento não é só cortical, é uma representação, um reencontro com o passado, este/meu passado. O reconhecimento da experiência do passado não é objeto de ciência, não se reduz a uma epistemologia. É "reencontrar", algo da ordem do coração, é da família do amor (Escudier, 2002; Breitling, 2004).

Portanto, memória e historiografia se reúnem na "memória feliz", que não é uma memória gigantesca, monstruosa e minuciosamente escrita. A "memória feliz" inclui o dever de esquecimento: o "perdão". O perdão atravessa a representação do passado de viés, conduz todas as operações da memória e da historiografia. O objetivo maior da memória-historiografia é a "reconciliação com a vida", que se realiza no perdão. Este dá um tom escatológico à representação do passado, é o horizonte comum, que se afasta e escapa, da memória-historiografia. O perdão é o desejo último da memória-historiografia pacificada e feliz, o desejo profundo de reconhecimento de si mesmo, de reconciliação consigo e com o seu mundo. O sujeito reflexivo integra a si os seus atos, apropria-se do seu passado, tornando-se presente a si. Uma sociedade não pode ser rancorosa consigo mesma para sempre. Ela procura atingir o esquecimento por duas vias: pelo trabalho de luto, quando consegue finalmente falar sobre o mal sem ódio; pelo perdão, que é um dom, uma graça. O esquecimento feliz não é estratégico, cálculo político e nem apenas trabalho de luto. É uma liberação da "inquietação com a finitude" (*souci*), um desapego do passado, um saudável desligamento das aflições.

O homem torna-se magnificamente homem pelo perdão, pelo amor, que é mais forte do que a morte. O perdão é difícil, mas não impossível. Ricoeur faz uma releitura do espírito absoluto hegeliano, que deixa de ser "conhecimento absoluto", que se lembrava de tudo, para controlar tudo, para se tornar "reconhecimento absoluto": um perdão absoluto, um esquecimento feliz, a realização final da capacidade infinita do homem de amar.

Capítulo 3

O entrecruzamento entre narrativa histórica e narrativa de ficção

Hayden White: a narrativa histórica é literária

A obra de Hayden White é extremamente importante para compreendermos o desafio historiográfico na passagem do século XX ao XXI. Ele expõe o problema vivido pela historiografia, hoje, de forma teoricamente consistente, esteticamente envolvente, politicamente perigosa, eticamente assustadora. White expõe a sua teoria da história em obras que se tornaram *best-sellers* e geraram acalorados debates acadêmicos. Para White, em suas obras *Meta-história* (1992), *Trópicos do discurso* (1994) e outras, historiadores, filósofos e teóricos da literatura sempre distinguiram rigidamente fato e ficção, mito e história, sempre insistiram na diferença e oposição entre real e imaginário. Mas, ao fazerem esta distinção, ignoraram o fato mais evidente em historiografia: nenhum historiador oferece ao seu leitor/ouvinte o passado enquanto tal, mas uma narrativa, um livro, um texto, uma conferência, "um artefato verbal não sujeito a controle experimental e observacional". A abordagem da história é uma leitura de um texto escrito e assinado por um autor. Os historiadores sempre relutaram em reconhecer que o que fazem são "textos" e que as suas narrativas são o que são: "ficções verbais cujos conteúdos são inventados e descobertos, cujas formas têm mais em comum com a literatura do que com a ciência". Esta aproximação entre história e literatura assusta os historiadores como se fosse uma "relação incestuosa", mas, para White, ela se dá permanentemente: história e mito se fundem, fato e fantasia se misturam. O historiador resiste lembrando a origem da história em Heródoto e Tucídides, que se constituiu contra o fabuloso e o lendário do mito. Heródoto e Tucídides queriam explicar, mostrar o que realmente aconteceu, mediante a reconstrução precisa e minuciosa dos acontecimentos registrados nos documentos. Desde a Grécia o historiador registra, constata, descreve, encontra a história-verdade na documentação e não inventa o passado. Para White, isto é uma ilusão, uma "crença de historiador", que se torna pouco crítico em relação ao saber que produz. Uma obra de história neutra, objetiva, documentada, não é menos construída e menos afetada por um autor e o seu estilo. Uma "obra científica" de história é só um estilo mais seco, sóbrio, cinzento: não é a verdade do passado (White, 1994).

Para White, o historiador não pode continuar tão ingênuo, não pode mais ignorar a estreita relação entre história e mito. A história não é uma ciência porque não é realista, o discurso histórico não apreende um mundo exterior, porque o real é produzido pelo discurso. O que o historiador produz são "construções poéticas". É a linguagem que constitui o sentido. A história é uma representação narrativa de representações-fontes. Os próprios documentos históricos já são representações, interpretações, e não são o passado em si. A narrativa histórica é uma "construção imaginativa" do passado. O historiador jamais narra o que aconteceu, por mais que recorra a técnicas de controle das suas fontes. Não há rigor científico em história que possa garantir a objetividade. E White argumenta em suas várias obras a favor desta "relação incestuosa" entre história e literatura, da qual a história não deve se envergonhar. Para ele, o historiador sempre operou como o literato, porque:

- obtém um "efeito explicativo" ao criar uma "estória plausível", ao "urdir um enredo", ao reunir com "imaginação construtiva" uma congérie de fatos sem sentido e registros históricos fragmentários e incompletos;
- nenhum acontecimento é intrinsecamente trágico, mas convertido em trágico ou cômico pelo enredo. É o estilo do historiador que os configura como trágicos, cômicos, românticos ou irônicos. Os acontecimentos são neutros;
- a historiografia é como a psicoterapia: o terapeuta não exibe fatos reais, a verdade. Ele leva o paciente a retramar a sua história, para mudar o sentido dos acontecimentos, que ele já conhece, e transformar a significação da sua vida. A função da história é a mesma da psicoterapia: "refamiliarizar" os indivíduos e as sociedades com os acontecimentos vividos;
- a história não é uma maquete ou um mapa em escala menor do real. Ela não reproduz o real, mas o recria, o interpreta;
- a história cria clássicos que não podemos invalidar ou negar. É o seu caráter de não invalidação que atesta a natureza essencialmente literária dos clássicos da história;

- a linguagem do historiador é figurativa e não técnica. Os níveis que constituem a narrativa histórica são: 1º) *nível cognitivo*: formista, contextualista, mecanicista, organicista; 2º) *nível ético*: liberal, anarquista, conservador, radical; 3º) *nível estético*: romance, tragédia, comédia, sátira; 4º) *nível linguístico*, que é uma espécie de infraestrutura, que "determina em última instância" a narrativa histórica: metáfora, metonímia, sinédoque, ironia. É o "estilo do historiador" que constrói o sentido do passado (White, 1994 e 1992).

Enfim, White conclui: não há oposição entre história e ficção. A história é poética, construída com a linguagem figurativa, é uma disputa entre figurações daquilo que o passado poderia consistir. O historiador produz construções poéticas e se ilude quanto à realidade e verdade de seus relatos. Que os historiadores se irritem com o apagamento da fronteira entre o real e o ficcional! Mas, não podem evitar pensar sobre o seguinte: a explicação histórica não é dada pelo conteúdo factual. A história adquire sentido da mesma forma que o poeta e o romancista dão sentido ao real. E, para White, isto é bom para a historiografia e para a sociedade. A historiografia não é diminuída quando aproximada da literatura, que é também um saber superior. Afinal, só o conhecimento científico é válido? Ao aceitar se relacionar com a ficção, a historiografia se livra de visões corretas, seguras, que só são ideologias perigosas. O ideológico fica reconhecível quando se reconhece que é ficcional. A história precisa reconhecer as suas relações com a imaginação literária, não pode mais reprimi-la e, por isso, é preciso refazer a teoria da disciplina histórica (White, 1994 e 1992).

Paul Ricoeur: a narrativa histórica é realista e literária

A grande repercussão das obras de Paul Ricoeur *Tempo e narrativa* (1983-85), *Do texto à ação* (1986) e *A memória, a história, o esquecimento* (2000) pode ser atribuída à sua defesa do realismo histórico contra o estruturalismo. Em seu livro *Do texto à ação*, ele formula criticamente a questão crucial: afinal, "o que é um texto?". Se a história é um "artefato verbal", o que isto significa? E redefine "texto" de dois modos: a) como fixação da oralidade pela escrita; b) como substituição da fala e não apenas a sua fixação pela escrita. Ele dará ênfase a esta segunda definição de texto, como substituição da fala, que altera a nossa relação com o mundo. A relação com o mundo pode envolver dois tipos de comunicação: a mediada pela fala e a mediada pelo texto. A comunicação mediada pela fala é completamente realista: o diálogo envolve um locutor, um interlocutor, um lugar, um mundo. A relação é entre voz e ouvido, perguntas e respostas, presença de um e de outro. No diálogo tem-se a "palavra viva", a referência é mostrada e o sentido é compartilhado. Na fala, o locutor se dirige a um interlocutor e "fala alguma coisa sobre alguma coisa". A fala se refere ao mundo. Ao contrário, a comunicação mediada pelo texto não é uma relação viva e realista. A relação agora é entre autor e leitor. A leitura não é viva como o diálogo, é uma "relação ausente": o leitor é ausente na escrita, o autor é ausente na leitura. O autor não pode responder ao leitor. O texto não se refere mais a um mundo exterior a ele, é sem referência exterior. O texto oculta e substitui o mundo exterior dentro do seu mundo intertextual. Um texto se refere a outros textos e a rede intertextual vem substituir a realidade. A intertextualidade apaga o mundo exterior (Ricoeur, 1986; Becquemont, 2007).

Para Ricoeur, a ocultação da referência exterior pelo quase mundo dos textos gera duas possibilidades de análise: a) a *semiologia estruturalista*, que aceita a suspensão que o texto faz da realidade e toma o texto como a própria realidade. Os estruturalistas explicam o texto não pelo seu referente externo, que eles não têm, mas por suas relações internas, pela sua estrutura e a sua relação a outros textos. O texto é abordado como uma internalização da relação ao mundo e do diálogo. O leitor entra em um texto fechado, sem exterior, autorreferente. O texto só tem dentro. E, para Ricoeur, White tem razão: esta é uma forma possível e relevante de ler um texto, vendo-o como parte da rede de textos, a literatura. Aqui, a explicação estrutural do texto o descronologiza e busca-se nele uma lógica interna e subjacente, uma relação entre partes/todo. Se, para White, esta é a via única da historiografia, para Ricoeur, é uma via possível e legítima, mas não é a única.

Há outro caminho, que é o que ele propõe para a historiografia: b) *a semântica hermenêutica*. Esta abordagem do texto não o toma em si mesmo, não se restringe à suspensão que faz do mundo, mas o restitui ao diálogo, à comunicação viva. A leitura torna-se, agora, uma "comunicação viva": o leitor interpreta e se apropria do texto. O texto deixa de ser fechado em si mesmo, porque permite que o leitor se aproprie dele e o transforme, para aplicá-lo ao seu mundo. O texto é aberto ao mundo do leitor, que se apropria dele, interpretando a si mesmo, compreendendo-se melhor. A compreensão de si é mediada pela leitura, o sujeito vivo não consegue compreender-se imediatamente e só chega a fazê-lo pela mediação dos signos e obras da cultura. A leitura é uma "efetuação": a interpretação é atual, presente, e, explorando as possibilidades semânticas do texto, entra na experiência vivida do leitor. Assim, para Ricoeur, a suspensão do texto é superada e retorna-se ao referente, ao mundo do leitor. Portanto, no "círculo hermenêutico", cuja análise desenvolve em *Tempo e narrativa*, a história continua sendo um "artefato verbal", o texto mantém a sua dimensão semiológica, interna, estrutural, mas recupera a sua dimensão semântica, refere-se e dá sentido ao "mundo do leitor", que se apropria ou rejeita o mundo do texto. O mundo do leitor limita a dimensão ficcional do texto, que, de fato, existe, ligando-o à referência exterior, tornando-o controlável realista e cientificamente. A relação entre autor-leitor-mundo-compartilhado é "reflexiva". Através do texto, o leitor mantém uma relação reflexiva consigo mesmo, com a sua experiência particular e com a universalidade da condição humana. Para Ricoeur, a narração é a condição de uma experiência vivida mais humana, porque a narração dá forma e sentido ao tempo vivido, isto é, exterior, real, concreto (Ricoeur, 1986 e 1983-85).

Em *Tempo e narrativa*, a tese maior de Ricoeur é:

> o tempo torna-se tempo humano na medida em que é articulado de maneira narrativa. A narrativa é significativa na medida em que ela desenha os traços da experiência temporal. Esta tese apresenta um caráter circular (...) a circularidade entre temporalidade e narratividade não é viciada, mas duas metades que se reforçam reciprocamente.

Esta sua tese aprofunda ainda mais o seu realismo ao enraizar a narrativa na temporalidade. Para Ricoeur, o tempo vivido não é inenarrável. Ele vê nas intrigas que inventamos o meio privilegiado pelo qual nós refiguramos nossa experiência vivida confusa, informe e, no limite, muda, atribuindo-lhe um sentido que impulsiona e guia a ação. Em Ricoeur, a "experiência vivida" (Santo Agostinho), informe e indizível, pode aparecer e ganhar contornos em uma "intriga lógico-poética" (Aristóteles). A composição de uma intriga impõe a concordância lógica sobre a discordância vivida. A intriga é *mimese*, uma imitação criadora da experiência temporal, que faz concordar os diversos tempos discordantes da experiência vivida. A intriga agencia os fatos dispersos em um sistema, é uma composição, uma produção, uma atividade, uma construção do poeta, que unifica a dispersão da experiência. A narrativa, em Ricoeur, não é uma teoria do tempo, mas a sua construção poética, que oferece o "reconhecimento da experiência vivida" (Ricoeur, 1983-85; Bouchindhomme e Rochlitz, 1990; Villela-Petit, 1989).

Ricoeur examinou diversas construções conceituais que tentaram apreender o tempo em seu ser, para concluir que todas o deixaram escapar, pois chegaram a aporias insuperáveis. Ele sugere, então, que a única maneira de abordar o tempo seria pela sua "imitação narrativa", o que fazem a história e a literatura. Se "entre narrar uma história e a estrutura temporal da experiência vivida humana há uma correlação necessária", é porque a narrativa não é um texto fechado em si mesmo. A narração seria uma abordagem "indireta" da experiência vivida. Ela não diz o que a temporalidade é, nem o porquê dela, mas como ela se dá. Através de uma configuração narrativa, o leitor redesenha a experiência temporal do mundo humano, da qual participa. Ele a reconhece. A configuração narrativa não é uma teoria, isto é, uma abordagem direta do tempo. Ela só atinge o seu ser indiretamente: não possui conceitos que expliquem a temporalidade, mas a recria, a imita, e o leitor a reconhece e se compreende (Ricoeur, 1983-85; Vigne, 1988).

A historiografia é quase ficção, a ficção é quase historiografia

Contudo, se o que toda narrativa oferece é o "reconhecimento da experiência vivida", como diferenciar a narrativa histórica da ficcional? Este será o grande desafio que enfrentará no terceiro volume de *Tempo e narrativa*, que tem o título *O tempo narrado*. Para ele, história e ficção têm atitudes diferentes diante da temporalidade, mas realizam o mesmo fim: dar forma e sentido à experiência vivida. Elas realizam esse mesmo fim em sua diferença e, assim, tornam-se complementares. Ricoeur se estende sobre a sua heterogeneidade e complementaridade e vamos procurar reconstruir os seus argumentos, buscando superar-conservando o ponto de vista whitiano (Ricoeur, 1983-85, 3º v.; Bubner, 1990).

Em primeiro lugar, as narrativas histórica e ficcional são heterogêneas e se opõem, porque a primeira produz "variações interpretativas" e a segunda cria "variações imaginativas". A narrativa histórica, mesmo sendo uma reconstrução interpretativa do passado, não se fecha em si mesma, procurando dados exteriores, objetivos, para se sustentar. As construções historiográficas têm uma relação de "representante" com a realidade abolida e preservada nos arquivos. A narrativa histórica se diferencia da ficcional em seu esforço de inserir os seus eventos e personagens no tempo calendário, que é objetivo e exterior, cósmico e cultural, e se impõe à experiência vivida. A história revela a sua capacidade de configuração do tempo histórico pela utilização de certos instrumentos: o calendário, a sucessão de gerações, o recurso a arquivos, documentos e vestígios. São esses instrumentos que, ao conectarem o tempo vivido ao tempo cósmico e biológico, tornam o conhecimento histórico objetivo. O historiador cria um terceiro tempo, o "tempo histórico", que faz a mediação entre o tempo cósmico e o tempo da experiência vivida, passando a possuir características de um e de outro.

Do tempo físico, o tempo calendário possui uma continuidade uniforme, infinita, linear, segmentável em instantes quaisquer, sem presente, sem passado e sem futuro. É como uma régua estendida ao longo da marcha dos homens, que fixa o momento-local exato em que viveram, organizando-os em anteriores, simultâneos e posteriores. É a astronomia que oferece esta numeração e medida, pois a cada 365 dias a Terra repete o mesmo movimento de translação em torno do sol. O tempo calendário determina com precisão a data em que o evento ocorreu e o antes e o depois. Do tempo da experiência vivida, o calendário possui um "momento axial", um "ponto zero", que foi um presente vivido singular, que rompeu com uma época e abriu outra. Aqui, há a assimetria passado-futuro: o presente cultiva a memória do passado e tem expectativas em relação ao futuro. O momento axial não é nem um instante qualquer e nem um presente, mas um evento presente-passado que foi considerado capaz de dar curso novo à vivência. Esse presente-passado central dá posição a todos os outros eventos. No calendário ocidental, esse evento norteador da experiência é a vinda de Cristo. Em outras culturas, outros calendários estabelecem momentos axiais diferentes. Como terceiro tempo mediador, o tempo calendário é ao mesmo tempo exterior e interior ao tempo cósmico e ao tempo vivido, cosmologizando o tempo vivido e humanizando o tempo cósmico. Todas as vidas, inclusive a nossa própria vida, se situam em relação ao momento axial. A data de todo evento é fixada em relação a ele. Nós estamos vivendo na volta 2010 da Terra em torno do Sol, depois de Cristo.

Outra característica da narrativa histórica a opõe à ficcional: ela quer conhecer os homens do passado através de vestígios. O vestígio garante que alguém esteve lá e agiu. A passagem não é mais, mas a sua marca permanece. O vestígio indica o aqui da passagem dos vivos. É isto a narrativa histórica: um conhecimento por vestígios localizados e datados. Os vestígios são coisas entre as coisas, que testemunham uma passagem. O vestígio significa sem fazer aparecer e, por isso, para Ricoeur, é um dos instrumentos mais enigmáticos da narrativa histórica. O historiador usa o vestígio, mas não sabe o que ele significa. A partir do vestígio, encontrado no presente, o historiador procura remontar ao mundo que o produziu, esforça-se para ser contemporâneo do mundo que o cercava. Apesar do caráter seletivo da coleta, conservação e consulta dos documentos, apesar das questões e ideologia dos historiadores, o uso da documentação é uma linha divisória entre história e ficção. Diferente do romance, as construções do historiador visam ser reconstruções do presente-passado. O documento impõe a data, o personagem, a ação e uma dívida em relação aos mortos. O vestígio é "representante" do passado. O passado histórico é o referente, que o conhecimento histórico se esforça por corresponder apropriadamente.

Contudo, estes instrumentos exteriores seriam suficientes para definir o significado do termo "real" aplicado ao passado? É somente "real" o passado que deixou vestígios localizados e datados que persistem no presente? O passado só é inteligível se persiste no presente? Não teria havido sociedades e homens que realmente existiram, mas que não deixaram vestígios? A organização dos vestígios em arquivos e museus, a preservação pelo patrimônio histórico de lugares de memória é muito recente. A humanidade viveu milênios sem esta inquietação com a sua memória, sem dar atenção aos seus vestígios. Para Ricoeur, a "realidade do passado" é a mais embaraçosa questão teórica sobre a história. Como o historiador, um homem também localizado e datado, um homem histórico, pode abordar uma realidade tão "(ex)ótica", isto é, tão fora do alcance da sua perspectiva, tão exterior ao seu campo de visão, tão pouco familiar, como o passado?

Para ele, o historiador, abordando o passado a partir do presente, para lhe dar realidade e consistência, para fazer uma reconstituição fiel e precisa dele, pode adotar três atitudes:

- *pode tratá-lo como "Mesmo"* — o passado é percebido como próximo do presente, familiar; o presente é percebido como uma continuidade do passado. O passado é incluído no campo de visão do presente e, por isso, torna-se plenamente inteligível. O historiador se considera capaz de (re)pensar o evento passado, de reconstituí-lo de forma idêntica em seu espírito; usando a "imaginação interpretativa" e recorrendo à "construção intelectual", o historiador busca a reefetuação do passado. Estes (re)pensamento e reefetuação do passado anulam a distância temporal, presentificam a experiência passada, reatualizam o passado. A tese é de Collingwood: o pensamento é atemporal, o que foi pensado antes pode ser pensado sempre; logo, a história pode pretender ser um conhecimento exato e fiel do passado (Collingwood, 1981);
- *pode tratá-lo como "Outro"* — a "passeidade" do passado é percebida como distante, diferente. A "passeidade" do passado se revela na distância temporal. A operação histórica começa com a percepção da mudança, do distanciamento entre as experiências vividas passadas e a presente. O trabalho do historiador não deve ser a reefetuação, a abolição da diferença temporal, mas a sua intensificação. O caráter (ex)ótico do passado é acentua-

do, passado e presente são estranhos. Para os historiadores dos Annales, a ida do historiador ao passado é um *depaysement*. A historiografia tem como tarefa o "inventário das diferenças"; logo, a história pode pretender ser uma reconstrução objetiva do passado, com a formulação de problemas e hipóteses, com o uso de documentação serial e técnicas sofisticadas;
- *pode tratá-lo como "Análogo"* — talvez, a realidade do passado não seja nem a do Mesmo e nem a do Outro, mas a do Análogo, que associa o Mesmo e o Outro: nem familiaridade e nem estranhamento, mas "reconhecimento". Como Análogo, o passado é abordado como uma experiência humana ao mesmo tempo (ex)ótica e reconhecível. A narrativa histórica não visa reproduzir de forma idêntica ou reconstruir objetivamente o curso dos eventos, mas, utilizando o discurso tropológico, mostrar que as coisas devem ter se passado "como se fossem assim". Contudo, ao abordar o passado como Análogo, a narrativa histórica apagaria a sua fronteira com a narrativa ficcional e, embora o imaginável auxilie o conhecimento do efetivo, não se pode perder de vista a exterioridade do tempo calendário e dos vestígios (Ricoeur, 1983-85, v. 3).

Para Ricoeur, o historiador não deve se fixar em uma dessas três atitudes diante do passado, porque são as três que tornam possível o conhecimento da sua realidade. Para ele, é preciso ligar o Análogo ao jogo complexo do Mesmo e do Outro, para que seja possível dar conta da função temporalizante do conhecimento histórico como "representante" do passado. Na busca do ter-sido, o Análogo opera junto com a Identidade e a Alteridade: o passado precisa ser ao mesmo tempo reefetuado (Identidade), posto a distância (Alteridade) e representado (Análogo). Portanto, o conhecimento histórico como "representante do passado" ao mesmo tempo o reduz ao Mesmo e reconhece a sua Alteridade pela Analogia.

Enfim, as narrativas históricas são "variações interpretativas" do passado, configurações narrativas diferentes, mas realistas, porque devem ser reconhecíveis como abordagens de uma mesma situação histórica. As intrigas variam, mas as datas, os documentos, os personagens, os eventos, os locais, são os mesmos. Há várias configurações narrativas da Revolução Francesa ou do Golpe de 64, mas elas não podem alterar estes dados exteriores, que se repetem em todas elas. Pode-se até admitir que as possibilidades de interpretação de uma situação histórica sejam infinitas, mas os dados espaçotemporais, os nomes e vestígios serão sempre os mesmos, a não ser que algum documento inédito introduza algum fato/personagem novo. Mas, este terá de ser integrado interpretativamente aos dados já conhecidos. A interpretação histórica, embora utilize a imaginação, não é uma "variação imaginativa": há dados exteriores que limitam o que se pode pensar de um evento histórico. A narrativa histórica é apaziguante da aporética da temporalidade ao criar conectores entre o tempo cósmico e o vivido, ao apoiar a narrativa em vestígios exteriores e verificáveis. O historiador quer fazer justiça ao passado, a sua relação com o passado é de uma dívida impagável. A realidade do passado não pode ser separada da dialética futuro/presente/passado, pois seria uma abstração. A realidade do passado é enigmática, envolve uma misteriosa dívida: perda, morte, separação. A "reconstrução" dessa realidade-que-não-é-mais é o sentido da pesquisa histórica (Villela-Petit, 1989).

Quanto à narrativa ficcional, ela não está obrigada às datas do tempo calendário, à sucessão de gerações, ao local e vestígios. O ficcionista envia a memória aos braços da imaginação, que, sem receio, se entrelaçam e se confundem. O ficcionista é livre para narrar experiências "irreais", isto é, eventos e personagens que não se submetem ao tempo calendário. Cada experiência fictícia é singular, incomparável, nenhuma intriga literária pode ser repetida, pois seria plágio. Cada romance, cada poema, são únicos. O tempo fictício explora livremente o tempo humano e apenas menciona o tempo cosmológico, sem buscar e até evitando a exatidão. A ficção é uma reserva de "variações imaginativas", que explora e amplia a diferença entre tempo cósmico e tempo fenomenológico. As "variações imaginativas" ficcionais se privam do tempo calendário, misturam datas, fatos, personagens. Quando se referem a eventos históricos, a I Guerra Mundial, a Revolução Russa, a Revolução de 1964, por exemplo, os menciona do ponto de vista dos personagens imaginários. A ficção não desce ao tempo histórico. Os conectores históricos são transformados pela imaginação. A contribuição maior da ficção é explorar as características não lineares da experiência vivida, que a história oculta ao inscrevê-la no tempo cósmico. O tempo fenomenológico predomina sobre o tempo cósmico, liberta-se do tempo calendário, ignora o curso temporal unificado. A estória pode se dar, por exemplo, em um dia ou em apenas uma hora, que relembram toda uma vida. Marcel Proust, em seu *Em busca do tempo perdido*, procura reencontrar a vida passada a partir de cheiros, gostos, pequenos objetos, nomes, carregados de lembrança. O fugidio é fixado e torna-se durável, a arte reencontra e revive o tempo perdido, leva à experiência da eternidade, põe a alma em repouso. A ficção torna-se um tempo hermético, explorando as discordâncias, as experiências limite, abolindo as fronteiras entre mito e história. As soluções da ficção agudizam a aporética da temporalidade, as "variações imaginativas" exploram as inúmeras maneiras em que a discordância e a concordância se combatem e se articulam (Kearney, 1989).

Entretanto, heterogêneas e opostas, as narrativas histórica e ficcional também se entrecruzam, sem se confundir. Pode-se sustentar uma diferença absoluta entre a "realidade do passado" e a "irrealidade da ficção"? Pode-se garantir que a diferença seja: a narrativa histórica tem um referente e a narrativa ficcional não tem? Há diferença, mas não é tão abissal. A realidade do passado pode ser questionada, pois não é observável. E se a noção de *representance* sugere que a narrativa histórica seja uma reconstrução do passado, o fato é que o passado não é mais. A irrealidade da ficção também pode ser questionada, porque ela é reveladora e questionadora da prática cotidiana. Como reveladora e transformadora, a ficção é "apropriação" ou "aplicação" reais. Estes conceitos, que expressam a relação da narrativa ficcional com a realidade, correspondem ao de *representance* da narrativa histórica. A "aplicação" se dá por meio da leitura, onde a obra literária ganha a sua significação completa. O mundo do texto tem uma abertura para o seu outro, o mundo do leitor. Sem a leitura, o mundo do texto não se realiza. Na leitura, dois mundos se enfrentam, o do texto e o do leitor. A leitura da narrativa ficcional instrui, torna-se ação efetiva. É na refiguração que a história e a literatura oferecem uma réplica à aporética do tempo. Na leitura ocorre uma "referência cruzada" entre história e ficção. Mas, apesar dessa proximidade na leitura, história e ficção possuem visadas diferentes. Elas se entrelaçam, mas são distintas (Leenhardt, 1990).

Na leitura, na refiguração efetiva do tempo, as narrativas histórica e ficcional se encontram, como duas retas no infinito: elas se entrecruzam e tornam o tempo mais humano, pois uma "experiência narrada". História e ficção são complementares na narração da experiência humana. Elas têm temáticas comuns, dificuldades comuns, trocas comuns. A história se serve da ficção e a ficção se serve da história. A leitura é mais ou menos a mesma de um romance e da historiografia e, sem perderem a sua heterogeneidade, elas se entrelaçam no espírito do leitor.

Por um lado, a história é *quase ficção* porque:

- o passado tal como foi só pode ser abordado com a contribuição da imaginação. Não se trata de confundir o real e o irreal, mas de mostrar como o imaginário faz parte da visada do ter-sido, sem enfraquecer o seu realismo;
- o imaginário tem seu lugar na história na medida em que o passado não é observável;
- o próprio tempo calendário é uma criação, uma invenção, que permite conectar o mundo humano ao movimento do sol; o calendário é um aparelho, uma criação, uma prótese cultural, cujo emprego exige imaginação;
- o vestígio é o signo a partir do qual a narrativa histórica imagina o contexto, a experiência vivida que o envolvia;
- a *representance* do passado é reconstrução e não uma "reconstituição". A narrativa histórica descreve o passado como análogo, "como se fosse assim". A tropologia mostra o passado, coloca-o sob os olhos do leitor, faz vê-lo "como se fosse assim";
- a escrita da história não é exterior ao conhecimento histórico, faz corpo com ele. Logo, a história imita em sua escrita os modelos da configuração literária. A escrita histórica é uma composição literária;

- as grandes obras de história são também grandes obras poéticas. A sua força poética está em sua capacidade de fazer ver o passado, de colocá-lo sob os olhos. Uma obra de história permanece por sua documentação, por sua cronologia rigorosa e também por sua força poética: *Formação do Brasil contemporâneo*, de Caio Prado Jr., e *Dom Casmurro*, de Machado de Assis, se aproximam e se entrelaçam;
- este entrelaçamento entre história e ficção não enfraquece o projeto da história de ser *representance*; ao contrário, o fortalece. É uma "ilusão controlada";
- a ficção oferece ao historiador olhos, palavras, imagens, que possibilitam a ele mostrar ao leitor, por sob os seus olhos, o horror, a guerra, o bombardeio, o campo de concentração, o genocídio, que, contudo, não são ficcionais e não devem ser jamais esquecidos.

Por outro lado, a ficção é *quase história* porque:

- a narrativa ficcional imita de certa forma a narrativa histórica ao narrar os seus mitos, lendas, fábulas, romances, poemas, "como se tivessem se passado". O leitor tem de ser persuadido de que aquela estória, de alguma forma, aconteceu e é só nesta medida que a sua realidade é afetada;
- as narrações ficcionais são no tempo verbal passado. Elas são um passado fictício, evocado tão vivamente, que oferece uma "ilusão de realidade". Ela se suprime como estória e se apresenta como história. Ela narra eventos "como se fossem o passado";
- para ser persuasivo, o "provável" da ficção deve ser como o "provável" da historiografia — plausível, ve-

rossímil, aceitável como real. Uma ficção muito delirante, improvável, não se refere à realidade do leitor e não a transforma;
- a ficção, quando se mistura fortemente à história, é extremamente saudável para a história, pois a protege do determinismo liberando possibilidades que não se concretizaram, abordando um passado que poderia ter sido. O "provável" pode ser tanto pura ficção quanto a percepção de "possibilidades objetivas";
- a crítica da realidade exige o recurso à ficção. A construção de um mundo utópico é necessária à crítica das ideologias. Não é possível viver sem sonhos e fantasia; não é possível ser historiador sem sonhar com um futuro melhor. Todo historiador como crítico do seu presente torna-se um sonhador histórico-político, um "realista utópico" (Kearney, 1989).

É na leitura, no espírito do leitor, que o abismo entre a história e a ficção torna-se um vale: uma se torna "quase" a outra. Na refiguração do tempo, história e ficção não se opõem mais tão radicalmente, cruzam-se. Cada um desses modos narrativos se faz empréstimos: a história incorpora fontes de ficcionalização, a ficção só transforma o agir e sentir se incorpora fontes de historicização. Através da leitura, a historiografia e a literatura retornam à vida, à existência prática. A leitura realiza uma mediação entre o mundo fictício do texto e o mundo efetivo do leitor e, dessas trocas entre elas, surge o "tempo narrado". Na leitura se entrelaçam as narrativas como "variações interpretativas do passado" (*representance*) e como "variações imaginativas", o tempo torna-se "mais humano", isto é, a experiência vivida é percebida e reconhecida. Aqui, pode-se perceber como o pensamento ricoeuriano está profundamente impregnado da sua fé cristã: historiografia e ficção são duas narrativas distintas que "fazem aparecer" o sentido único e verdadeiro da experiência vivida (Leenhardt, 1990; Vigne, 1988).

Contudo, a sua fenomenologia da leitura reconstrói a ideia de "sentido único e verdadeiro". Ricoeur redefiniu o conceito de "verdade" ao retirá-la da imutabilidade, do absoluto, da atemporalidade. O sentido "único e verdadeiro" não é conhecível imediatamente, exigindo a mediação de narrativas, que são interpretadas e apropriadas pelos leitores. O leitor é o protagonista da produção do sentido, que se multiplica nas leituras. A estética da leitura ricoeuriana explora as maneiras múltiplas pelas quais uma obra afeta um leitor, que é passivo e ativo: recebe o texto na ação de lê-lo. A fenomenologia da leitura limita a capacidade persuasiva do autor e apresenta a réplica do leitor. O texto é considerado incompleto, inacabado, o leitor faz o seu itinerário próprio no texto, que oferece "caminhos de leitura". O texto é uma sequência de frases cuja totalização acontece no espírito do leitor. O leitor é um ponto de vista viajante no texto, a leitura é um jogo de protensões, retensões, modificações. O autor traz as palavras e o leitor a (re)significação. O texto é ao mesmo tempo excessivo e incompleto para o leitor, que é chamado a refigurar a obra: o todo se realiza no espírito do leitor. A boa leitura é aquela que adere e resiste ao texto, tornando-se uma "experiência viva". O texto produz uma desorientação no leitor, exigindo-lhe uma reorientação, que pode chegar à subversão do sentido proposto.

A fenomenologia da leitura enfatiza o sentido produzido pelo leitor real, que se transforma com a leitura. O leitor implicado aparece no leitor real, que surpreende em sua capacidade de não atender passivamente à expectativa imposta pelo autor. O público tem um horizonte de expectativa a que a obra corresponde e incita a abrir. Um clássico não é uma obra atemporal: é a obra que prefigura experiências futuras, que abre o horizonte de expectativa dos leitores. O leitor atual, liberado do seu cotidiano, transfigurado pela catarse, se vê estimulado a transformar a sua experiência. O texto leva à ação (práxis). A refiguração é dialética: a leitura aparece como uma interrupção e como um relançamento da ação, faz a mediação entre o mundo imaginário do texto e o mundo efetivo do leitor. O leitor não para na leitura, atravessa-a, e quanto mais se "irrealizar" nela, mais a obra terá influência sobre a sua realidade social (Ricoeur, 1983-85, v. 3).

A historiografia é quase ficção: *O Mediterrâneo e o mundo mediterrâneo à época de Filipe II*

Para Ricoeur, a obra clássica de Braudel, *O Mediterrâneo e o mundo mediterrâneo à época de Filipe II* (1. ed., 1949; 2. ed., 1966), é um exemplo revelador do caráter produtivo do entrecruzamento entre narrativa histórica e ficcional. Essa obra é ao mesmo tempo um paradigma inovador da ciência histórica e uma obra-prima literária. Para ele, o conjunto dos três níveis da obra constitui uma quase intriga e não somente o terceiro nível seria narrativo, como consideram as leituras tradicionais. Ricoeur renovou a interpretação dessa obra ao lê-la a jusante e a montante. Para ele, lida a jusante, navegada do primeiro ao terceiro livro, Braudel tomou o caminho durkheimiano de Bloch, determinista; lida a montante, do terceiro ao primeiro livro, revela a orientação febvriana, o evento-estruturado: da morte de Filipe II, solene evento, às estruturas do mundo mediterrâneo. A terceira parte é exemplar da história tradicional e de boa qualidade, uma bela narrativa, mas não existe isoladamente, não pode ser lida separadamente, pois faz parte de uma obra que possui duas grossas partes precedentes. Se se parte do terceiro para o primeiro livro, depois de tê-lo lido na ordem inversa, tem-se toda a compreensão do tempo histórico dos Annales. Segundo Ricoeur, Braudel teria criado um novo tipo de intriga, a "intriga virtual", e nos ensina, através dela, a articular estruturas, ciclos e eventos. Sua intriga se fragmenta em subintrigas, formando um todo virtual. Em uma direção, Braudel é blochiano; em outra, é febvriano. Ele sintetiza a historiografia dos Annales e sua concepção do tempo histórico de "mão dupla". De trás para a frente, a leitura parte da história política, biográfica, militar, administrativa, diplomática, passa pela história econômica, social, demográfica, cultural, para chegar a uma história do meio ambiente, do clima, a uma geo-história; percorrendo o caminho inverso, obtém-se uma visão completamente diferente do mesmo processo histórico (Braudel, 1966; Reis, 2008).

O próprio Braudel, embora tenha dito que a ampulheta podia ser virada, parece não ter percebido esta possibilidade de leitura ao contrário, pois hesitou na publicação da terceira parte. Nesse terceiro volume, a cronologia ampla dos dois primeiros se completa com uma cronologia bem definida por dias, meses, anos, da história do império dos Habsburgo, de Carlos V e de Filipe II. Braudel recorre permanentemente a recursos da estética literária para colocar o mundo mediterrâneo "sob os olhos" dos seus leitores: "sentimos" as dificuldades das comunicações e transportes, as limitações monetárias, o desejo de potência da Europa mediterrânea, o medo dos turcos, a ganância das cidades italianas, o jogo astuto das alianças, os interesses da Igreja; "seguimos" as rotas terrestres e marítimas; "tememos" a ameaça da guerra e a derrota; "vemos" a formação dos Estados nacionais francês, inglês, holandês, em luta contra o império espanhol; "sofremos" com as catástrofes, fomes, guerras, pestes; "assistimos" ao impacto dos eventos, das grandes alianças e rompimentos delas, à solene morte de Filipe II; ficamos "incomodados" com a ineficácia dos espanhóis em guerra: seus movimentos confusos, lentos, caros e ineficientes. Enfim, a terceira parte de *O Mediterrâneo...* fala aos sentimentos, às sensações, à experiência vivida. Se a história tradicional se reduzia a este tempo visível, perceptível, sensível, os Annales não poderiam excluí-lo, como o farão depois de Braudel. Posteriormente, Le Goff expressaria a opinião dos sucessores de Braudel em relação a este terceiro volume: "longe de ser o ponto culminante do trabalho, são os restos deixados pelo trabalho principal (...) Se antes a história política era a espinha dorsal da história, passou a ser um apêndice atrofiado" (Le Goff, 1971).

No entanto, esta terceira parte contém um dado essencial sobre a experiência do tempo histórico, que o rigor das análises anteriores e a profusão de informações esconderam: a experiência da finitude, o vivido e o lado absurdo, surrealista, isto é, sem sentido e direção, do viver das sociedades. Filipe II acrescenta reinos e terras ao seu império, mobiliza tropas, faz empréstimos, combate os dissidentes, faz alianças, envolve a todos em seus planos, intenções e motivos, camponeses, cidades, Igrejas, Estados, em direção a quê? Contra os turcos, o "outro", que, misteriosos, representam a finitude, a morte. Nesta terceira parte assiste-se à luta pela existência gloriosa, potente, grandiosa! Os turcos representam o limite a esta ambição. Braudel mostra, nos dois primeiros livros, outros limites, mais objetivos, ao desejo de poder dos Habsburgo. No terceiro livro vai aparecer o limite propriamente humano, o limite subjetivo: o outro, que é também movido pelo mesmo desejo de poder, de ser, e pelo mesmo medo de deixar de ser (Reis, 2008).

Enfim, esta obra de Braudel representa e sintetiza a compreensão do tempo histórico dos Annales: a dialética da duração. Quando se lê a obra a contrapelo, o que se revela é a condição temporal, histórica, do homem. Ele está mergulhado no tempo imperioso e, portanto, é finitude, precariedade, solidão e abandono. Ele é, antes de tudo, evento. Seu sonho de onipotência, de absoluto, de eternidade, encontra limites concretos, exteriores, naturais e sociais e o limite interno maior, o da duração humana, o da presença humana no tempo. O mundo mediterrâneo de Filipe II é vasto, é um império poderoso, mas que teve uma duração determinada. Para Ricoeur, portanto, esta obra de Braudel, sem a terceira parte, seria apenas uma das vertentes da historiografia dos Annales, a blochiana. Com a terceira parte, ela incorpora a orientação febvriana e, na medida em que integra as duas tendências, torna-se uma síntese completa da Escola dos Annales, realizando o seu ambicioso projeto de uma "história total".

Em sua análise de *O Mediterrâneo...*, Ricoeur conclui de forma perturbadora, pois põe em dúvida um dos princípios centrais dos Annales: a recusa da narrativa e do historiador literato. Ricoeur considera Braudel um dramaturgo! Um exímio narrador! Ele teria criado três níveis para o mundo mediterrâneo e os reuniu em uma única narrativa. Mas procedeu analiticamente, distinguindo planos, deixando às interferências entre os planos o trabalho de engendrar uma imagem implícita do todo. Obtém-se, então, uma "quase intriga virtual", fragmentada em subintrigas. Ricoeur, portanto, considera Braudel um artista, um poeta, um grande narrador! Outros analistas, como Kinser, chamam ainda a atenção para o aspecto sinóptico dessa obra de Braudel: a enorme quantidade de informações, fatos, dados e conhecimentos apresentados de maneira viva e eficiente. Sua expressão escrita é também visual, teatral. Eis um ponto da obra de Braudel que revela muito não só sobre a sua concepção do tempo, mas, sobretudo, sobre a sua capacidade de recriar o tempo, de "imitá-lo" em uma intriga, como Ricoeur considera que seja a melhor maneira de apreendê-lo (Ricoeur, 1983-85, v. 1, p. 301 e seg.).

Este lado artístico e literário de Braudel será enfatizado por dois autores: F. Fourquet e P. A. Rosenthal. Para Fourquet, Braudel é revolucionário, pois alterou a nossa visão do mundo, a nossa representação do tempo histórico. Nossa sensibilidade do tempo ampliou-se "espacialmente". Amplo, Braudel não se fecha em um único tipo de causalidade. Ele se abre a todas as explicações causais, visando um olhar múltiplo, que abrange diversas perspectivas. Para ele, curiosamente, Braudel não descobriu nenhum fato histórico inédito e maior, tudo o que ele descreve já se conhecia antes, dispersamente. A sua contribuição foi reunir, em um espaço dilatado, todos estes eventos. Para juntar toda esta enorme quantidade de informações, Braudel teve de produzir uma "direção teatral" destes eventos, estabelecer os ritmos das ações, a disposição das iluminações, a movimentação dos personagens, a encenação, a representação. Este é o grande evento produzido por Braudel em *O Mediterrâneo...* Ele raciocina precisa e teatralmente. Talvez, continua Fourquet, a representação científica e a representação teatral sejam a mesma coisa. A teoria é um espetáculo. A ciência, um drama de conceitos; o pensamento, um arranjo de metáforas. Braudel é um artista: produz narrativa, descrição, encenação. O único conhecimento que ele reconhece como materialista, pois não teórico, mas um quadro artístico: uma construção viva do vivido (Fourquet, 1988:74 e seg.).

Este entusiasmo de Fourquet vai contagiar P. A. Rosenthal, que pretende também fazer uma leitura estética de Braudel, procurando no próprio estilo sua concepção temporal. Rosenthal vê a escrita de Braudel como um espetáculo, uma abundante produção de imagens. Ele estará atento às figuras de linguagem, especialmente às metáforas usadas por Braudel. A linguagem metafórica foi um instrumento essencial utilizado por Braudel para fazer de *O Mediterrâneo...* a "obra de método dos Annales"! Segundo Rosenthal, é através de metáforas que Braudel desvaloriza a história tradicional, apresenta sua nova história, seus novos objetos, elabora a ideia de um sistema mediterrâneo, esclarece seus conceitos e explicações causais. "As metáforas servem como *ersatz* a um discurso 'teórico' construído e de máquina de guerra contra a escola histórica dominante" (Rosenthal, 1991:110).

Retornando a Ricoeur, à sua fenomenologia da leitura, a obra de Braudel como "obra de método dos Annales" é a prova mais viva do caráter realista e literário do conhecimento histórico. Neste monumento historiográfico, o historiador e o poeta, embora distintos, estão fortemente entrelaçados. E quem fará o teste do entrecruzamento entre história e ficção nesta obra será a "experiência viva" da sua leitura pelo europeu do final do século XX, que, quanto mais competente for, mais realista e poética será. Para Ricoeur, no final do trágico século XX, ocorreu um evento intelectual que repercutiu fortemente sobre a consciência histórica ocidental: a perda definitiva da credibilidade da filosofia hegeliana da história. Chegou-se, então, a uma "fase hermenêutica da Razão". Agora, a consciência histórica ocidental se inscreve em um novo horizonte, onde se passa de uma mediação total a mediações inacabadas e imperfeitas. Não se tem mais "o conceito", mas "narrações". A verdade não pode ser mais o sistema. A linguagem continua central, mas não é mais exclusivamente a do conceito e da ciência. O conhecimento da pluralidade da humanidade não permite a totalização dos espíritos dos povos em um só e único espírito do mundo em ação na história (Greish e Kearney, 1991).

A partir de 1980 apareceu outra organização intelectual. O tema da historicidade se impôs ao da estrutura, com a reabilitação da parte explícita e refletida da ação, uma consciência problematizada, um sujeito não transparente e não soberano, que se exprime em discursos e ações de sentidos instáveis, que procura se designar inventando-se, representando-se, por meio de micronarrativas. O novo paradigma é "interpretativo": da ação, de intenções, vontades, desejos, motivos, sentimentos. Abandonou-se a posição idealista do espectador absoluto por um retorno ao mundo da vida, ao pertencimento do intérprete ao mundo social que estuda. A situação do intérprete torna-se princípio de verdade e não mais de ilusão. Uma subjetividade concreta, situada, em um mundo social em que ela contribui para organizar o sentido. A volta ao mundo da vida como solo pré-objetivo de toda experiência significativa é uma constante do pensamento de Ricoeur, onde as "interpretações" é que criam e delimitam o sentido.

Capítulo 4

A "história problema" da Escola dos Annales

A proposta de uma "história problema" foi feita pela Escola dos Annales como resultado de um intenso debate entre sociólogos, filósofos, geógrafos e historiadores no início do século XX. Ela se corporificou na revista de história *Annales d'Histoire Economique et Sociale*, fundada em 1929, por Lucien Febvre e Marc Bloch. Para definir esta "nova história", nós combinaríamos afirmações de Furet e Le Roy Ladurie: a história sob a influência das ciências sociais foi uma *nouvelle histoire* que, após uma longa fase de gestação, começou nos anos 1920, com Febvre e Bloch, na Universidade de Estrasburgo. Ela foi praticada pela Escola dos Annales, que reunia professores e pesquisadores que atuavam em Paris, Rennes, Toulouse e Aix-en-Provence e colaboradores da revista, formando um grupo policêntrico, heterogêneo e mais ou menos permanente. Ela significou a aceitação por parte dos historiadores das críticas dos sociólogos durkheimianos e da *Révue de Synthèse Historique*, de Henri Berr, que exigiam a aproximação da história das ciências sociais para que se renovasse, se atualizasse e se tornasse também uma história social. Essa adoção do ponto de vista das ciências sociais levou a uma luta, a um combate, entre os historiadores dos Annales e os tradicionais, que controlavam todas as instituições de ensino, pesquisa, edição e administração da história na França. Essa influência das ciências sociais fez com que a história rompesse com uma longa tradição e se renovasse completamente. "Renovar-se completamente" não significava negar tudo o que se fazia antes, mas submeter tudo o que se fazia antes a um novo olhar, a novos problemas, a novos instrumentos, a novos fins. Febvre e Bloch foram os articuladores dessa nova voz da história ao fazerem o "combate" e a "apologia" de uma história problema contra a tradicional história narrativa.

Neste capítulo, vamos enfatizar as propostas de Lucien Febvre para a inovação da historiografia realizada pelos Annales. A "história problema" veio se opor ao caráter narrativo da história tradicional. A narração tradicional era a organização do caos dos eventos em uma trama cujo fim já se supunha conhecido antes. O modelo de narração que se imitava era o da biografia: entre o nascimento e a morte, articulam-se os eventos de uma vida individual. Na narração, os eventos, únicos e incomparáveis, eram incluídos em uma continuidade, ganhavam um sentido que lhes vinha do exterior, tinham uma explicação teleológica. A estrutura da narração exigia alguma conceituação, mas que não era jamais explicitada. Os conceitos que a sustentavam permaneciam escondidos no interior da finalidade temporal que dava sentido à narração. A estrutura narrativa da história tradicional sintetizava todos os seus pressupostos filosóficos: o progressismo linear e irreversível, que define o epílogo que dá sentido à narração; o seu caráter "acontecimental", que, "recolhido" dos documentos criticados, ficaria sem sentido se não fosse incluído em uma ordem narrativa; a história política, diplomática e militar, constituída por iniciativas, eventos, decisões, que formam uma trama que favorece a narração; a disposição "objetivista" do historiador, que recolhe os fatos dos documentos e, imparcialmente, os põe em uma ordem sucessiva, que é dada objetivamente pela cronologia, através da narração. Enfim, a estrutura narrativa da história tradicional significava isto: narrar os eventos políticos, recolhidos nos próprios documentos, em sua ordem cronológica, em sua evolução linear e irreversível, "tal como se passaram" (Furet, 1982).

A história problema veio reconhecer a impossibilidade de narrar os fatos históricos "tal como se passaram". Por ela, o historiador sabe que escolhe seus objetos no passado e que os interroga a partir do presente. Ele explicita a sua elaboração conceitual, pois não pretende se "apagar" na pesquisa, em nome da objetividade. Ao contrário, exatamente para ser mais objetivo, o historiador "aparece e confessa" seus pressupostos e conceitos, seus problemas e hipóteses, seus documentos e suas técnicas e as formas como as utilizou e, sobretudo, a partir de que lugar social e institucional ele fala. O historiador escolhe, seleciona, interroga, conceitua, analisa, sintetiza, conclui. Ele reconhece que não há história sem teoria (Certeau, 1976).

A pesquisa histórica é a resposta a problemas postos no seu início e a verificação das hipóteses-respostas possíveis. A partir da posição do problema, o historiador distribui suas fontes, dá-lhes sentido e organiza as séries de dados que ele também terá construído. O texto histórico é o resultado de uma explícita e total construção teórica e não mais o resultado de uma narração objetivista de um processo exterior, organizado em si. A organização da pesquisa é feita a partir do problema que a suscitou: este vai guiar na seleção dos documentos, na seleção e construção das séries de eventos relevantes para a verificação das hipóteses, cuja construção ele exigirá.

Portanto, ao romper com a narração, a história tornou-se uma empresa teórica, que segue o caminho de toda ciência: formula problemas e levanta hipóteses. Febvre a definiu, ao se tornar essa empresa teórica, como "estudo cientificamente conduzido" e não como "ciência", que lhe parece um termo que define resultados adquiridos e mais ou menos fixados. E, para ele, essa história conceitual, problematizante, analítica, é uma inquietação permanente, que repõe em causa, de forma racional e metódica, as "verdades tradicionais". Essa nova história reabre constantemente o passado em vez de reconstituí-lo definitivamente. Ela o retoma, o remaneja, o rediscute, estimulada pelas experiências do presente, que é sempre novo e exige, para se pensar, a reabertura do passado. Febvre insiste: "pôr um problema é precisamente o começo e o fim de toda história. Sem problema, não há história, mas narrações, compilações... A história 'cientificamente conduzida' realiza as duas operações que se encontram na base de todo trabalho científico: formular problemas e construir hipóteses" (Febvre, 1965).

A história conduzida por problemas e hipóteses, por construções teóricas elaboradas e explícitas, é, sem dúvida, uma "nova história". O historiador mudou de posição e de disposição: se antes era proibido, em tese, de aparecer na pesquisa, o que é uma interdição impossível de ser cumprida, agora, ele é obrigado a aparecer e a explicitar a sua estrutura teórica, documental e técnica e o seu lugar social e institucional. A história tornou-se uma empresa racional de pesquisa, na qual o leitor tem condições de verificar, ele mesmo, os resultados, pois foi posto a par dos seus pressupostos, conhece os documentos e seus meios de processamento, e sabe o que o historiador quer demonstrar e onde ele quer chegar. A história deixou de ser uma empresa intuitiva, fundamentada em *a prioris* indemonstráveis e passou a ser "comunicável", criando as condições de uma "intersubjetividade", que não se confunde com a imposição de um consenso artificial. Mesmo na discordância dos pontos de vista e dos resultados das pesquisas, é possível o diálogo entre pesquisadores, pois cada um sabe o que o outro pretendia e o que ele conseguiu ou não conseguiu e o que deveria fazer para conseguir o que queria. A obtenção de resultados divergentes não é erro, mas uma informação nova. Um estudioso norte-americano da obra de Fernand Braudel, J. H. Hexter, considera a história problema próxima da matemática — tem a elegância de uma "demonstração" (Hexter, 1972:537-538).

O fato histórico como "construção"

A história problema só é possível a partir de outra ideia nova dos Annales: a passagem do fato histórico "bruto" ao fato histórico "construído". A história tradicional considerava os fatos como já presentes nos documentos. Era a crítica do documento, a sua restituição à autenticidade externa e interna e sua disposição em uma ordem cronológica, que faria "naturalmente" brotar fatos. Estes não podem ser "inventados" pelo historiador: eles se oferecem a ele objetivamente e são extraídos dos documentos "limpos". Os fatos históricos são reais, exteriores à atividade reconstrutora do historiador, que os reconstitui neles mesmos, procurando suprimir a sua própria presença como reconstituidor. O historiador, para Febvre, não poderia continuar a fazer a história ensinada pelos "vencidos de 70". Não poderia continuar a se reduzir a colecionador de dados: "dê-nos uma história não automática, mas problemática". Assim, compreenderá a história e fará compreendê-la seus contemporâneos, trará elementos para a solução dos problemas de seu tempo. Assim como o fato não é "dado", o passado também não é "dado": o passado e o fato histórico "dados" não engendram o historiador e a história, mas é o historiador em seu presente que reabre o passado e constrói os dados necessários, a partir dos documentos, à prova de suas hipóteses, que responderiam aos problemas postos, ligados à sua experiência do presente (Febvre, 1965).

O realismo "positivista", para Febvre, é uma impossibilidade. Nenhum pesquisador manipula dados "brutos", mesmo aqueles que desejavam fazê-lo. Os ditos positivistas têm um respeito supersticioso pelo fato, alimentam um tipo de fetichismo do fato, mas estes são construídos sempre, mesmo se eles não se dão conta. Mas, na "nova história", essa construção do fato pelo historiador é admitida explicitamente, o que faz com que não sejam construídos implicitamente, inocentemente. Aqui, a realidade histórica é apreendida pelas formas do espírito, não através de *a priori* inverificáveis, incomunicáveis, intuitivos, mas através de problemas e hipóteses, por meio de conceitos, que devem ser verificados pela documentação rigorosamente criticada.

Essa tese de Febvre, surgida da influência das novas ciências sociais, será reforçada por R. Aron. Aron também criticou o cientificismo "positivista" e mostrou que a história "objetiva" revela sempre o lugar filosófico do sujeito. Aron analisou a "dissolução do objeto" e mostrou a impossibilidade de uma "verdade" do que se passou. Para Febvre, os historiadores tradicionais construíam "quebra-cabeças": iam reconstruindo paciente e, detalhadamente, apanhando em uma "caixa arquivo" as peças da realidade, formando um quadro total de uma realidade dada exteriormente. Entretanto, ao pretenderem produzir a impossível "paisagem total" da realidade histórica exterior, eles cometiam outro erro: privilegiavam a história política e os documentos oficiais, textos formais, timbrados e assinados, em geral, manipulados pelo seu produtor (Aron, 1938).

O novo conceito de "fonte histórica"

Nesse sentido, Febvre proporá outra inovação: a ampliação do "arquivo do historiador". A história, para ele, pode ser feita com todos os documentos que são vestígios da passagem do homem. O historiador não pode se resignar diante de lacunas na informação e deve procurar preenchê-las. Para isto, usará os documentos não só de arquivos, mas também um poema, um quadro, um drama, estatísticas, materiais arqueológicos. O historiador tem como tarefa vencer o esquecimento, preencher os silêncios, recuperar as palavras, a expressão vencida pelo tempo. Antes, somente a história antiga não se submetia à tirania do documento escrito e utilizava os achados da arqueologia. Mas, a história medieval e, sobretudo, a moderna só se explicava através de textos. Segundo Febvre, o historiador ignorava a realidade econômica que sacudia a sociedade, não sabia ler documentos estatísticos, jurídicos, não conhecia os temas econômicos, como a moeda, o câmbio, o sistema financeiro. Limitava-se a conhecer datas, lugares e nomes de indivíduos. A partir desse domínio do documento escrito, até se dividiu a história em uma pré-história, que Febvre considera uma noção ridícula: *"Reste que la notion de pré-histoire est une des plus cocasses qu'on puisse imaginer"* ("Acaba que a noção de pré-história é uma das mais cômicas que se pode imaginar") (Febvre, 1965:419). Só porque não havia documentos escritos? Mas o pesquisador que estuda a difusão de tal cerâmica neolítica faz história exatamente como aquele que trabalha com uma fonte estatística moderna. Ambos procuram conhecer as manifestações do gênero inventivo da humanidade, que, se são diferentes na forma, não são diferentes em "engenhosidade". M. Aymard considera essa proposição de Febvre uma das grandes mudanças realizadas pela Escola dos Annales (Aymard, 1972).

Essa abertura e a ampliação do campo das fontes históricas estão inteiramente associadas, por um lado, ao projeto da "história problema", pois não há mais a tirania da heurística, mas a construção de problemas e hipóteses, no início da pesquisa. É o problema posto que dará a direção para o acesso e construção dos *corpus* necessários à verificação das hipóteses que ele terá suscitado, o que devolve ao historiador a liberdade na exploração do material empírico. Por outro lado, essa ampliação do campo das fontes históricas, que estende a área de pesquisa do historiador até a antes interditada pré-história, está intimamente associada com outra proposta inovadora dos Annales: a "história total".

A "história total ou global"

Essa expressão tem, a nosso ver, dois sentidos: pode querer dizer "tudo" e "todo". No primeiro sentido, seria a consideração de que "tudo é história", não havendo mais regiões que seriam interditadas ao historiador; no segundo, seria a ambição de apreender o "todo" de uma época, seria uma abordagem holística de uma sociedade, o que levaria, talvez, a uma contradição com a história problema. A "história total" pode ser compreendida como "tudo" ou "todo" e o texto de Febvre permite a sustentação das duas interpretações.

No primeiro sentido, que significa simplesmente o alargamento do campo histórico, ainda sob o signo da "história problema", onde todas as relações sociais e humanas podem ser tematizadas no passado, o que se faz é recusar a distinção entre um "passado histórico" e um passado que não seria histórico: todo passado tem dignidade historiográfica e é passível de pesquisa histórica. Nessa acepção, a história total significa que a "história se edifica sem exclusão". A história política não seria mais a dimensão privilegiada e a história deve tratar de todas as dimensões do social e do humano: o econômico, o social, o cultural, o religioso, o técnico, o imaginário, o artístico... Os Annales, ao recusar a história política e retirar a ênfase de outras áreas, falharam na realização desse seu projeto totalizador, embora tenha aberto campos jamais explorados antes pelo historiador. J. Revel parece compreender a história total ou global nesse primeiro sentido: "(...) não podendo tudo dizer, o historiador decidia nada se interditar (...)" (Revel, 1979).

Essa interpretação da história global terá como consequência nos últimos Annales a dispersão da pesquisa em monografias com resultados paralelos, que não se acrescentavam reciprocamente. O campo do historiador se dispersou e se falou de uma "história fragmentada". Mas se esta abordagem de "tudo" se faz sob o signo da história problema, não seria propriamente uma fragmentação, mas um debate entre historiadores, sobre bases intelectuais e objetivas sólidas. Não é necessário que dois historiadores que abordem um mesmo assunto cheguem a resultados comuns. É apenas indispensável que o diálogo objetivo, racional e documentado possa se dar entre os dois, de tal forma que ambos compreendam onde se separam, por que se separam e como chegaram a resultados diferentes. Se há resultados diferentes é porque houve problematização diferente, hipóteses diferentes, uso diferente da documentação, mesmo que tenha sido a mesma. Entretanto, se essa diferença pode ser comunicada, se é racional, toma-se "conhecimento". Weber havia já demonstrado, na *Ética protestante e o espírito do capitalismo*, e em seus ensaios teóricos, que o conhecimento é sempre parcial, fruto de uma tematização de relações específicas. O trabalho da história total, nesse sentido, seria a análise de um passado inesgotável, constituído de relações inumeráveis e todas elas tematizáveis (Weber, 1979).

A segunda interpretação da história total, "conhecimento do todo", pode ser também verificada nos textos fundadores. Nessa perspectiva, os Annales ainda se manteriam no quadro da história tradicional filosófica. Querer conhecer uma época como uma totalidade, sugere Foucault, é presumir sua continuidade, sua estruturação em torno de um princípio unificador. A síntese substitui a análise. A história global, entendida assim, pode estar contaminada pelos pressupostos tradicionais, os de uma coerência, de uma continuidade, que levaria ao seu uso ideológico. Aqui, visa-se a uma correlação entre todas as instâncias da sociedade, que expressariam um "fato total", no sentido de Marcel Mauss: as partes que expressam a unidade do todo. O historiador deveria procurar, nas partes, a presença do todo, desse "fato global", que liga todas as partes em uma totalidade. Essa história global corresponde ao esforço de Febvre de apreensão do *zusammenhang* (interdependência/conexão) e revela a influência sobre ele de Dilthey e Michelet (Foucault, 1969; Febvre, 1965).

Mais tarde, Fernand Braudel procurou pôr em prática tal ideia de história total e também fazer-lhe a teoria ao criar a ideia dos três tempos que se referem uns aos outros e que constituiriam um "conjunto total" na articulação de seus níveis. Para J. Hexter, a história global assim concebida entra em contradição com a história-problema, seria mesmo uma aspiração que a excluiria: *"It's not easy to be sure what 'the*

Annales' means by 'histoire totale'" ("Não é fácil ter certeza do que 'os Annales' querem dizer com 'história total'") (Hexter, 1972).

Nos anos 1960, M. Foucault soube definir com precisão o conceito da "história global" pretendida por L. Febvre e F. Braudel, que a história da Escola dos Annales mostrou ser uma aspiração irrealizável. Para Foucault, o projeto de uma história global é o da restituição do conjunto de uma civilização, do princípio de uma sociedade, da significação comum a todos os fenômenos de um período, da lei que dá conta de suas coesões, do "rosto" de uma época. Tal projeto pressupõe duas ou três hipóteses: 1ª) entre todos os fenômenos de uma área espaçotemporal, pode-se estabelecer um sistema de relações homogêneas; 2ª) uma única forma de historicidade liga a estrutura econômica, as estabilidades sociais, a inércia das mentalidades, os hábitos técnicos, os comportamentos políticos e os submete ao mesmo tipo de transformação; 3ª) a história pode ser articulada em grandes unidades, estágios ou fases, que possuem neles mesmos seu princípio de coesão (Foucault, 1969:19).

Ainda sob o signo da "continuidade", uma "história global", segundo Hexter, marcada pela abundância de dados, de informações, de bibliografia, de temas inumeráveis e, sobretudo, de páginas entre 800 e 1200!, foi recusada mais tarde pelos próprios membros do grupo como irrealizável. François Furet sustentou que tal tentativa de apreensão total do homem, embora não fosse mais a ideia do século XIX de apreender o desenvolvimento da humanidade em todas as suas manifestações, e fosse uma ambição mais modesta, de ter sobre um objeto delimitado uma descrição a mais exaustiva, uma explicação mais global do que a das ciências sociais, era uma "impossibilidade total" (Furet, 1982).

A interdisciplinaridade

Finalmente, sintetizando essas quatro propostas anteriores, Lucien Febvre proporá aquilo que passou a ser considerado o específico dos Annales, o seu "espírito": a "interdisciplinaridade", que concretizou a opção da história pelo ponto de vista da ciência social e a afastou definitivamente da filosofia. A história uniu-se às ciências sociais: ela constrói seu objeto, põe problemas e levanta hipóteses, usa conceitos e técnicas das ciências sociais, na perspectiva das "durações" (Febvre, 1965).

Essa proposta interdisciplinar estava já contida no projeto da "síntese" de Berr; e Simiand havia considerado a possibilidade de a história atuar como uma ciência social entre as ciências sociais se ela assumisse o "método" da sociologia. Entretanto, a proposta de Febvre guarda a sua originalidade em relação às anteriores: a história seria uma ciência social entre outras e sua unificação se faria pela "troca de serviços" (Braudel, prefácio em Stoianovitch, 1976). Para Febvre, portanto, a interdisciplinaridade não se assentaria sobre um "método comum", como para Simiand, embora os historiadores novos tenham absorvido grande parte da teorização, dos conceitos e técnicas de análise dos dados das ciências sociais e tenham mantido a mesma atitude do cientista social diante dos seus materiais. O que faria a união da história e das ciências sociais estava além do método, era o "objeto comum": o homem social. É esse objeto comum, em seu ser social e empírico, que exige uma análise interdisciplinar. Para a análise desse objeto, que lhes é comum, história e ciências sociais "trocariam serviços": conceitos, técnicas, dados, problemas, hipóteses. No início, a historiografia dos Annales se associou à economia, à sociologia e à geografia. Dessas associações, apareceram ciências compostas: história econômica, história social, geo-história; depois, história demográfica, história antropológica etc. (Foucault, 1969; Febvre, 1965).

Aproximando-se das ciências sociais e sob a sua influência, a história se tornou *nouvelle*. Marc Ferro define esta nova história-ciência social, talvez de forma um pouco otimista, mas sua definição se aproxima da orientação então tomada pela história: "mais do que um discurso sobre o sentido da história, a prática histórica se quer doravante um diagnóstico, até mesmo um prognóstico sobre a história, mas não uma terapêutica (...) Tramou-se uma revolução de ordem metodológica (...) aparecia uma 'história experimental'". E, talvez, esta seja a definição da história problema dos Annales: uma história experimental (Ferro, 1987:37-39).

Capítulo 5

Annales *versus* marxismos: os paradigmas históricos do século XX

Modernidade iluminista *versus* pós-modernidade estruturalista e pós-estruturalista

O projeto moderno, articulado pelo iluminismo, vê a história como um centro-consciência-interioridade em avanço, um núcleo subjetivo e lógico que se exterioriza e retorna a si, integrando-se e concentrando-se progressivamente, "tomando consciência de si". A "civilização" é a construção de um sujeito singular-coletivo e consciente, a "humanidade", em busca da "liberdade", isto é, do seu centro, da coincidência consigo mesmo. O projeto moderno iluminista é profundamente otimista: crê na razão e em seu poder de sempre ver claro e de construir um mundo real segundo os seus parâmetros. A história é considerada uma construção e realização da subjetividade, um processo racional, inteligível. O seu desfecho é previsível: a vitória da razão, que governa o mundo. A hipótese fundamental do iluminismo é hegeliana: a história não pode não ter sentido, não pode ser mudança sem direção e significado. Governada pela razão, a história só pode produzir a moralidade, a liberdade, a justiça, a igualdade e jamais a violência. A história é movida pela busca de sentido e não pela vontade de potência.

Os iluministas abordam a história com confiança, esperança, otimismo, "fé na razão". Se o futuro só pode trazer a vitória da razão, ou seja, uma sociedade justa, moral, livre, igualitária, saturada de sentido, os iluministas acreditam que a tarefa do presente é autodestruir-se para que se implante em seu lugar imediatamente o futuro. Diluindo-se, não resistindo à força racional da história, o passado-presente (o que é) dá lugar ao futuro (o que deve ser). Na modernidade, sob o governo crítico da razão, a história se acelera. A história tornou-se sujeito de si, buscando nela própria a sua legitimação. Os iluministas acreditam ter decifrado o "segredo da história" e recomendam a produção vertiginosa de eventos que o concretizem. Eles consideram que, finalmente, puderam formular e articular o até então desconhecido e indizível: o sentido profundo da vida dos homens. Se o real é racional, eles são os formuladores do racional. Eles se apresentam como a "consciência de si" da história. A sua consciência da história e a história efetiva coincidiriam: "fazer a história" e "fazer história" se recobrem. O conhecimento histórico é "reflexão fiel do vivido", é o vivido que retorna a si e torna-se para-si. A narrativa histórica e o curso dos processos históricos coincidem. A história conhecimento e a história efetiva estão ambas dominadas pelos conceitos de sujeito e de consciência. A história é "reflexão": exteriorização e retorno a si, objetivação e interiorização de uma consciência sempre superior de si (Koselleck, 1990; Cardoso, 1997).

O projeto da modernidade teve como base essa visão iluminista da história, que é uma construção especulativa de franceses e alemães na passagem dos séculos XVIII ao XIX.

Esse "projeto moderno" propunha a produção acelerada de eventos, que se acreditava controlar, pois supunha-se que o seu sentido era conhecido antecipadamente. O iluminismo levou a uma revolução permanente do vivido, à subordinação do passado-presente a uma teleologia. Em nome da realização final da razão absoluta, da utopia, da liberdade racional, legitimou-se toda violência contra o passado-presente. A crítica racional tornou-se impiedosa e intransigente em relação aos irracionalismos e privilégios da tradição e do vivido. Dirigindo-se vertiginosamente ao futuro, os "portadores da razão", os sujeitos históricos dominados pelas convicções iluministas, encaravam o passado e o presente como entraves, obstáculos, limites à civilização e à liberdade, contra os quais toda violência e destruição seriam legítimas. A razão crítica interroga e julga e nada pode resistir à sua crítica racional. No tribunal da razão, o passado-presente é condenado e a sua "execução" prescrita. Acredita-se que o homem, ele próprio, vai se resgatar, vai se salvar e nesse mundo mesmo, em plena história e em pleno tempo. A história é concebida como um processo coerente, unificado e acelerado da humanidade, um sujeito singular coletivo, em direção à perfectibilidade, à moralidade, à racionalidade futuras (Habermas, 1985).

Os termos novos que conduzem a implantação do futuro no presente são: "progresso", "emancipação", "inovação", "crise", "evolução", "revolução". O "espaço da experiência", o presente que contém o passado, é abreviado e interrompido para que o "horizonte de expectativa" seja então e já "espaço da experiência". O presente perde a possibilidade de ser vivido como presente e escapa para dentro do futuro. O futuro destrói racionalmente o presente, pois mais perfeito e livre. A revolução era vista como um evento inocente, pois a sua violência seria legítima, moral, contra a violência pura do

Estado e da religião. A "grande narrativa" iluminista garante a legitimidade da intervenção radical na realidade histórica. Koselleck é um crítico radical da crítica iluminista. Para ele, ela é hipócrita! Ela opõe a razão moral à razão política, mas toda crítica moral esconde interesses políticos. Resultado dessa dissimulação: o terror, a soberania indiscutível da utopia, a desconsideração e diluição do "espaço da experiência" (Koselleck, 1979 e 1990).

Diante da violência que tal visão da história produziu, as ciências sociais vieram elaborar uma visão anti-iluminista da história. O "projeto moderno" foi posto em reexame por uma reflexão dita "pós-moderna". No século XX, o movimento "estruturalista" veio suspeitar desse sujeito consciente em busca da liberdade. A convicção de que a "razão governa o mundo" foi posta em dúvida. As ideias de "revolução" e "progresso" passaram a proporcionar mais um sentimento de inquietação do que de confiança. Lévi-Strauss não acreditava mais no evolucionismo, no progresso, no eurocentrismo, na utopia racionalista, e retirou-se para o mundo estável, sem pressa, das sociedades ditas "primitivas", isto é, não europeias, não modernas, não iluministas. O "bom selvagem" brasileiro que havia alimentado os sonhos utópicos iluministas, agora, e ironicamente, em Lévi-Strauss, inspira a recusa da aceleração da história.

As ciências sociais passaram a duvidar do conhecimento histórico baseado em uma especulação filosófica sobre o futuro. Elas consideram que o homem não é só sujeito, mas também resultado, objeto. Elas opõem um conhecimento teórico e empírico da sociedade, um "conhecimento de campo", ao conhecimento especulativo da filosofia. Em sua visão do homem e da sociedade, a consciência não predomina: o homem não é inteiramente sujeito e livre e a sociedade não é dominada por uma teleologia. Portanto, se o homem e a história não são transparentes, a "reflexão total" não é possível; se esta não é possível, a "ação total", isto é, a "revolução", não é recomendável. A ação possível que as ciências sociais propõem se daria dentro de margens estreitas, cautelosas. A ação deve ser feita com o apoio de uma planificação limitada no tempo, de recursos técnicos, de pesquisas localizadas, de previsões determinadas e quantificadas. O objetivo dessa limitação teórica da ação é o seu controle (Lévi-Strauss, 1983).

As ciências sociais produzem uma desaceleração cautelosa contra a aceleração revolucionária da modernidade. Para elas, o tempo histórico não é linear e irrepetível, uniforme, homogêneo e convergente. A história deveria se interessar mais pelo lado repetitivo, cíclico, resistente, inerte, estrutural, da vida dos homens. A história não deveria servir ao "dever ser" utópico, pois especulativo, mas aspirar à inteligibilidade empírica da realidade social. A ciência social não é teleológica, valorativa, revolucionária; ela é estrutural, objetiva, conceitual. A utopia só faz sentido como raciocínio típico ideal, uma articulação de relações exageradamente racionais, uma abstração, que permite abordar e conhecer a realidade empírica. O objetivo da ciência social é produzir "conhecimento social", que oriente uma ação prudente e eficaz, e não convicções sociais ou imperativos morais que orientem e legitimem uma ação global e descontrolada. A inovação em história, o evento, deve ser estruturado para deixar de ser ameaçador. As ciências sociais produzem uma desaleração prudente da história moderna iluminista (Reis, 2008).

Eis aí esboçado brevemente o quadro das macroteorias que orientaram a reflexão e a ação históricas do século XVIII ao XX. De um lado, o "projeto moderno", iluminista, que produzia metanarrativas filosóficas que ofereciam o conhecimento do sentido da história e davam a todo evento um lugar e significação; de outro, o chamado "pós-modernismo". Este pós-modernismo, nós o vemos desdobrar-se em duas fases. A primeira fase é a "estruturalista", que marcou o ponto de vista das ciências sociais já mencionado. O estruturalismo é pós-moderno porque desconfia do sujeito, da consciência, da razão; descentra o sujeito e a história, evita a utopia, teme a ação sem controle, opõe-se ao conhecimento especulativo, pois metafísico, vinculado a e legitimador de poderes ameaçadores; recusa o raciocínio teleológico. O "estruturalismo" opõe-se, mas, por outro lado, parece ainda pertencer ao projeto moderno, pois produz ainda um discurso da razão. Ele quer apreendê-la a contrapelo, onde os iluministas não a tinham ainda observado. Surgindo contra o racionalismo modernista, o estruturalismo parece paradoxalmente um hiper-racionalismo: quer buscar um sentido que se esconde, decodificar uma dimensão oculta e fundamental da sociedade, abordar um determinismo inconsciente (Quilliot, 1989).

O estruturalismo ainda visa a produzir uma inteligibilidade ampliada da história. O mundo imediato é visto como ilusório e falso. Sua verdade é oculta. Mas, "teoria da suspeita", é ainda um esforço de buscar a "verdade histórica", o que o coloca ainda como uma manifestação da "ingenuidade iluminista". Os estruturalismos querem dar conta de tudo o que escapa ao homem, para levá-lo ainda à lucidez. Eles seriam ainda uma forma de pensamento do absoluto, que leva ao dogmatismo. Contra a metafísica moderna, que pensava um mundo racional e transparente, centrado em um homem seguro de seu poder de pensar e senhor de si e da sua história, sujeito e consciência, os estruturalismos revelam uma subjetividade fragmentada, descontínua, sem unidade e sem sentido e direção. Mas o seu objetivo parece ser ultrarracionalista:

introduzir na razão o que a racionalização anterior deixara de lado como irracional. O estruturalismo é pós-racionalista em sua intenção e hiper-racionalista em sua realização: ele pratica a desconstrução, a deslegitimação, a descontinuidade, para apanhar a razão em suas frestas e arestas. Diz-se materialista, mas beira o idealismo com o seu esforço surracionalista de sistematização. Marx e Freud seriam ainda iluministas: visam ainda a uma "tomada de consciência" do sujeito que busca a verdade e a liberdade (Ferry, 1988; Dosse, 1993).

A segunda fase pós-moderna seria o pós-estruturalismo: este radicaliza as teses estruturalistas e salta para fora do iluminismo e do seu projeto moderno (Lyotard, 1979; Descombes, 1989). O pós-estruturalismo denuncia o estruturalismo como ainda um discurso da razão. Os pós-estruturalistas não buscam mais verdades históricas nem aparentes e nem essenciais, nem manifestas e nem ocultas. Eles recusam essências originais e fundamentais que se deveriam reencontrar e coincidir. A fragmentação é levada ao extremo. O universal não é pensável. A subjetividade pós-estrutural é antípoda da subjetividade modernista: fragmentada e descentrada, marcada por diferenças e tensões, contradições, ambiguidades, pluralidade, e nem sonha mais com a unificação. Não há essência ou finalidade, significado e direção a reencontrar ou realizar. A consciência moderna, a metafísica da subjetividade essencial, construída pelo iluminismo, é "desconstruída" pelo pós-estruturalismo.

A pós-modernidade *desconstrói, deslegitima, deslembra, desmemoriza* o discurso da "razão que governa o mundo". O conhecimento histórico pós-estruturalista aborda um mundo humano parcial, limitado, descentrado, em migalhas. Aparece um olhar em migalhas, assistemático, antiestrutural, antiglobal, curioso de fatos e indivíduos. A biografia volta com força total, mas diferente da tradicional. A análise pessoal substitui a busca da "tomada de consciência" da verdade estrutural. No conhecimento histórico, não se quer neutralidade, passividade, serenidade e universalidade. A verdade universal se pulverizou em análises pessoais. Não se busca mais o absoluto e não se quer mais produzir uma obra de valor universal. O conhecimento histórico é múltiplo e não definitivo: são interpretações de interpretações. A realidade é produzida por "jogos de linguagem", nada a toca de modo substancial. Não há uma palavra viva e essencial que coincida com o ser. O ser é diferença constante, isto é, temporal e inessencial e aparece em linguagens múltiplas. Sem pronunciar o ser, as linguagens múltiplas o constituem transitório e diferente... (Ferry, 1988; Dosse, 1993; Descombes,1989).

Onde situar os Annales e os marxismos?

A localização do marxismo e dos Annales no interior dessas macrovisões da história não é simples, pois há vários marxismos e a dita "Escola dos Annales" não é homogênea. Por um lado, há um marxismo iluminista, teleológico, que crê na utopia comunista, que age no sentido da história/razão, que, emancipacionista, crê na coincidência do sujeito e da consciência revolucionária, faz a revolução em nome da razão, vê o futuro como a realização universal e absoluta da liberdade e da subjetividade. É um marxismo que beira o idealismo hegeliano. A ciência da história coincidiria com a consciência histórica: é uma teoria que orienta a práxis revolucionária no parto do futuro especulativamente antecipado. Esse marxismo estaria plenamente integrado ao projeto da modernidade, ao iluminismo, e é mesmo uma radicalização da crítica racional.

Mas, por outro lado, no século XX, apareceram marxismos mais próximos do projeto das ciências sociais: não utópicos, não idealistas, não éticos, que visam a conhecer a estrutura do modo de produção capitalista, embora ainda em uma perspectiva crítica, da mudança socialista. O marxismo foi pioneiro na elaboração de uma concepção estrutural da história. Nessa perspectiva estrutural, o ideal revolucionário cede lugar e se submete à elaboração conceitual e à análise objetiva do modo de produção capitalista. Os outros modos de produção inatuais ou potenciais são tratados como "modelos ideais"; eles são utópicos apenas enquanto construção exageradamente racional, modelos, uma abstração sem lugar na realidade. O pensamento se esvazia de realidade e de temporalidade e procura discutir conceitos e modelos em sua lógica puramente dedutiva. Portanto, como são vários, os marxismos podem ser compatíveis tanto com o paradigma iluminista quanto com o estruturalista. Mas seria possível um marxismo pós-estruturalista? O seu silêncio atual, além das razões históricas, parece revelar uma incompatibilidade radical com o pós-estruturalismo (Althusser, 1970).

Quanto aos Annales, embora possam, talvez, ser reunidos em torno da sua busca da superação do evento, as três gerações são diferentes. Fundamentalmente, os Annales opõem-se ao tempo da história iluminista. Há os que veem nas "Luzes", no entanto, o seu inspirador mais direto, pois também eles defendem a mudança gradual e controlável, visando a uma certa racionalidade, opondo-se às versões revolucionárias desse tempo. Mas os Annales não têm uma percepção "evolutivo-progressista-continuísta" da história, o que os afasta das "Luzes". Eles preferem produzir prognósticos racionais e limitados sobre um futuro indeterminado. Sua história não é teleológica. Eles preferem frear a história, temendo o futuro desconhecido, a acelerá-la, cultuando um futuro pretensamente conhecido. Os Annales reconheceram as forças de inércia estruturais que limitam a ação livre e não têm pressa em ver a "vitória da Razão esclarecida", pois não têm mais esperança e confiança em seu governo do mundo. Eles recusam as ideias de "progresso" e de "revolução" e tudo o que elas implicam: aceleração do tempo dos eventos e conhecimento especulativo do sentido da história. A história da longa duração enfatiza os movimentos lentos e representa uma desaceleração das mudanças. Se tivermos razão em considerar os Annales anti-iluministas, então, eles se integrariam ao paradigma pós-moderno em suas duas fases, a estruturalista e a pós-estruturalista (Koselleck, 1990; Reis, 2008).

Postos assim em posições antagônicas, quais seriam os termos do diálogo entre os historiadores marxistas e os dos Annales? Seria possível uma interlocução serena, racional e produtiva entre eles? Poderia haver colaboração, convergência, trabalho comum entre eles? Talvez a heterogeneidade interna dos dois grupos permita alguma aproximação e colaboração. Mas em que se aproximariam e se diferenciariam os historiadores marxistas e dos Annales? Suponhamos que seja possível esse diálogo entre marxistas e Annales: essa interlocução deve ser valorizada em sua diferença, em sua divergência, no vigor de uma argumentação antagônica (ideológica) ou no rigor de uma argumentação "diferenciada" (epistemológica), ou devem-se valorizar os pontos em comum, a convergência, a tolerância recíproca, a colaboração que atenua a diferença? O diálogo entre eles é melhor, teoricamente mais fecundo, quando discordam ou quando preferem colaborar?

Nós consideramos que pode haver pelo menos três leituras possíveis para o diálogo entre Annales e marxistas: a primeira, que valoriza os pontos em comum, a colaboração, a sua complementaridade — eles são vistos como métodos concilíáveis, assimiláveis; a segunda, que valoriza a sua oposição ideológica, a sua rivalidade política, que submete os aspectos epistemológicos aos ideológicos — eles são vistos como adversários na luta de classes; e uma terceira que os considera teorias históricas, nem "complementares/conciliáveis" e nem "antagônicas", mas "diferenciadas", enfatizando o aspecto epistemológico, mas sem deixar de considerar também a diferença ideológica — eles são vistos como teorias, hipóteses de trabalho que só têm valor e só podem dialogar porque são "diferentes". Nessa perspectiva, tanto a "conciliação complementar", se fosse possível, quanto a oposição radical impediriam o diálogo, que só é possível na "diferença teórica", que as paixões do compromisso ou do antagonismo inviabilizam.

Complementares

Na *primeira perspectiva,* alguns autores enfatizam os pontos que aproximam as duas escolas e minimizam as divergências, defendendo assim a sua colaboração na pesquisa histórica. Ciro Cardoso aponta várias convergências: ambos reconhecem a necessidade de uma síntese global, reconhecem que a consciência não coincide com a realidade social, respeitam as especificidades históricas de cada período e sociedade, propõem e exercem a interdisciplinaridade, vinculam a pesquisa do passado ao presente, alguns membros dos Annales aceitam a determinação do econômico, ambos fazem uma história coletiva, econômico-social e não individual e "acontecimental", ambos usam métodos quantitativos, apoiando-se em fontes numéricas e seriais, ambos são visões estruturais da sociedade. Os Annales e o marxismo seriam assim "métodos complementares", no sentido de "colaboradores", "assimiláveis": a aproximação é levada a tal extremo que, no final, não é mais controlável. Eles são quase o mesmo método histórico! (Cardoso, 1997).

Cardoso, entretanto, ao procurar o que os aproxima, constata essa diferença: ausência nos Annales de uma teoria da mudança social e da luta de classes. Essa diferença não bastaria para pôr separados marxistas e Annales, minimizando os aspectos unificadores e impossibilitando o trabalho comum? Para os marxistas, os Annales não pensam a mudança, a luta, a revolução; logo, estão contra a mudança, a luta e a revolução. São reacionários: fazem a história que interessa ao capital, à dominação, às classes dominantes etc. Assim, quando se sai da conciliação que impedia o diálogo, pois abolia a diferença epistemológica, entra-se no antagonismo ideológico, que também impede o diálogo, pois transforma a diferença teórico-metodológica em "paixão ideológica".

M. Vovelle, que é marxista e dos Annales, é a própria encarnação da possibilidade daquela convergência e assimilação. Em seu *Ideologias e mentalidades* (1987), ele tematizou os pontos de confluência entre as duas escolas. Para ele, não seria a "história das mentalidades" que as afastariam, pois um marxista não está impedido de fazê-la também. A "mentalidade", para ele, não seria o oposto de "ideologia": ela é mais ampla, integrando o não formulado, o que aparentemente "não significa", o que está encoberto, inconsciente, o imaginário coletivo. Mas, são ex-ideologias que se tornaram um tesouro comum, um patrimônio precioso, as raízes da sociedade, uma identidade preservada. Esses fragmentos de ideias que vêm do fundo do tempo são restos de formulações ideológicas que se tornaram prisões de longa duração, resistências, forças de inércia. Para ele, só haveria antagonismo entre o marxismo e a "história das mentalidades" produzida pelos primeiros Annales, a de Febvre e Bloch, que eram antimarxistas. Mas a história das mentalidades dos anos 1960, de Mandrou, Duby e dele próprio, não separa o mental do social (Vovelle, 1987).

A história das mentalidades dos Annales, a partir dos anos 1960, não seria uma prática mistificante, como a acusam os marxistas. Ela trata das relações complexas entre a vida real dos homens e as representações que produzem de si, inclusive, as representações fantásticas. É uma história que evita o reducionismo mecanicista e faz o estudo das mediações e da relação dialética entre as condições objetivas da vida dos homens e a maneira como eles a narram e vivem. A história das mentalidades não se opõe ao conceito marxista de ideologia, mas faz dele uma ampliação. Ela é a ponta fina da história social. Por ser uma história social, ela não seria incompatível com o marxismo e tem o mérito de encarar o real em sua totalidade e complexidade. Entretanto, Febvre poderia talvez interpelar Vovelle: pode-se reduzir a noção de mentalidades ao conceito marxista de ideologia, que vincula as representações às relações sociais de produção, aos interesses e às lutas surgidas na estrutura econômico-social? Não seria falsear ambas as noções tornando-as híbridas e irreconhecíveis? (Vovelle, 1987).

Vovelle, no entanto, cuida de evitar o antagonismo entre as duas escolas. Ele vai ainda mais longe. Quanto à "dialética da duração", que os Annales dizem realizar, ele considera que eles não a fizeram com o necessário rigor teórico, pois ou eliminaram ou atenuaram nela a presença do evento. Ele quer incluir na temporalidade dos Annales o evento, ou seja, a mudança brusca, que os marxistas privilegiam. Ele propõe a elaboração teórica de um "entrelaçamento dos tempos", uma "concordância das discordâncias", isto é, a inclusão do evento-mudança do marxismo na longa duração-permanência dos Annales. O que parece ser uma proposta irrealizável, pois o conceito de "evento-mudança" dos Annales é oposto ao dos marxistas. Para os marxistas, o evento é ruptura, transformação profunda, desintegração e transição estrutural, irrupção inovadora; para os Annales, o evento é oscilação estrutural, mudança que renova a estrutura, que a fortalece, que explora as suas potencialidades e a torna mais duradoura. A longa duração não é uma imobilidade, mas flutuação, oscilação em conjunturas e eventos. O evento não é eliminado na dialética da duração dos Annales, mesmo se em alguns de seus autores ele foi minimizado. Em Braudel, cuja obra é a que mais se aproxima da proposta da "dialética da duração", o evento é uma presença constante e articulada aos outros níveis temporais. E, integrado, superado dialeticamente, incorporado, ele não representa mudança brusca, revolução. Quanto à temporalidade histórica, portanto, mesmo se ambas as escolas a constroem de modo estrutural, a diferença entre elas nos parece incontornável e irreparável (Vovelle, 1987).

Portanto, há autores que exageram na percepção da convergência das duas escolas. Eles veem nos Annales quase uma orientação marxista! E argumentam: por enfatizarem a história econômico-social, o estrutural contra o "acontecimental", por fazerem uma história de coletividades e não de indivíduos etc., Aymard afirma que houve efetivamente entre marxismo e Annales afinidades e rejeições, contaminações. Contudo, assim que a diferença ideológica aparece, aquela aproximação epistemológica se esfuma. Dosse afirma que a presença de banqueiros e financistas na revista dos Annales torna derrisória a análise segundo a qual essa revista seria a expressão de um discurso marxista. Para ele, os Annales têm uma vocação tecnocrática e se interessam pouco pela natureza dos regimes políticos e mais pela organização econômico-social que possibilite o bem-estar das massas. Se ideologicamente Annales e marxistas se opõem tão radicalmente, como foi possível a presença de marxistas no interior do grupo dos Annales? Os marxistas presentes nos Annales representam a busca de uma "conciliação" — a primeira leitura possível das relações entre as duas escolas (Aymard, 1972; Dosse, 1987).

Antagônicos

A segunda leitura aparece no confronto ideológico. Aqui, não se tem um diálogo, mas um bate-boca, um enfrentamento. Nesse, os Annales cederam, flexibilizaram as suas posições, quando os marxistas eram muito fortes. Coutau-Begarie procura esclarecer os termos das relações que mantiveram Annales e marxistas entre os anos 1929-80. Para ele, as relações entre as duas escolas oscilaram ao longo da história da revista e do grupo. Ele aponta, nessa oscilação, para o lado da estratégia de poder dos Annales: as alianças com os marxistas eram feitas quando eram interessantes para a sua estratégia de poder. O grupo que quer ser dominante, ele insiste, não pode ir contra a ideologia dominante. Febvre jamais foi marxista; Bloch também, embora tenha tido algum interesse em Marx. Mas, nos anos 1930, o marxismo não era ainda uma força teórico-política dominante na França. O distanciamento em relação a ele era praticável e considerado até desejável. Contudo, quando o marxismo se tornou, na França e no mundo, uma força teórico-política incontornável, sobretudo nos anos 1950/60, os Annales procuraram dialogar com os autores marxistas e o PCF e muitos dos membros do grupo dos Annales entraram e saíram das fileiras do PCF (Coutau-Begarie, 1983).

Coutau-Begarie considera a abertura dos Annales ao marxismo nessa fase uma expressão do seu oportunismo, a prova irrefutável da sua estratégia de poder. Mas não é definidor do "espírito dos Annales", desde o início, a "abertura à história e aos seus sujeitos"? Ao dialogar intensamente com o marxismo nos anos 1950/60, na verdade, os Annales estariam realizando o seu próprio projeto: não se fechar em princípios dogmáticos que os impedissem de reconhecer e representar as mudanças históricas e os seus sujeitos efetivos. Quem pode negar que nos anos 1950/60 o marxismo se tornara uma possante força teórico-política? Podia-se "fazer história" (*faire de l'histoire*), adequadamente, ignorando-o, evitando-o como interlocutor? Essa não foi a opção dos Annales. Os Annales, portanto, não aderiram ao marxismo, mas isso não significou falta de influência e de contatos com ele.

A segunda leitura possível do diálogo entre Annales e marxistas já apareceu nos depoimentos anteriores. Para outros autores, as convergências apontadas acima seriam, na verdade, aparentes, superficiais: marxistas e Annales são "programas ideológicos rivais", opostos, para a pesquisa e a ação históricas. As aproximações sugeridas entre eles revelariam, por um lado, um interesse e respeito intelectual recíprocos e, por outro lado, quanto aos Annales, uma estratégia de combate, que é a da associação com o adversário quando ele é mais forte e o seu esforço de "acompanharem a história". Mas, quanto ao essencial, eles se opõem.

O "essencial" de uma escola histórica, e isto é uma hipótese, nós consideramos que seja a sua concepção do tempo histórico. Os marxistas pensam a história na perspectiva da mudança, da desestruturação-reestruturação, do conflito e luta entre os homens. Eles a pensam na perspectiva da ação, do engajamento, dos valores teleológicos que orientam a ação, mesmo se o seu ponto de vista é estrutural. Ao valorizar a mudança sobre a estabilidade, os marxistas pressupõem uma direção e significado para a mudança — eles antecipam um fim para a história. Um fim iluminista. A história marxista é do conflito, da contradição, da luta, da mudança, da revolução, da utopia emancipacionista. A tese iluminista e idealista de que a "razão governa o mundo" continua em vigor entre os marxistas. É uma história estrutural e econômico-social essencialmente política. A percepção do futuro, o "horizonte de expectativa", impõe-se sobre o "espaço da experiência". Essa diferença essencial é epistemológico-ideológica. Nesta segunda perspectiva sobre as relações entre marxistas e Annales, essa diferença foi posta em termos predominantemente ideológicos: os marxistas pensam e produzem a mudança; os Annales estudam e produzem a conservação do modo de produção capitalista. Alguns autores marxistas, mais sofisticados teoricamente, como Hobsbawm e Althusser, justificam epistemologicamente o antagonismo ideológico; outros, mais engajados e precipitados, esquecem a discussão teórica e soçobram na emoção político-ideológica. Portanto, nesta segunda visão das relações entre marxistas e Annales, a discussão essencial sobre a temporalidade histórica foi posta sobretudo em termos do antagonismo ideológico.

Para Hobsbawm, o marxismo é uma original teoria estrutural-funcionalista da sociedade: primeiro, ele insiste na hierarquia do fenômeno social (base/superestrutura); segundo, ele privilegia a existência, dentro de qualquer sociedade, de tensões internas, contradições, que contrabalançam a tendência do sistema para se manter em funcionamento. Essa originalidade do estrutural-funcionalismo marxista é fundamental para a ciência histórica, pois são essas suas duas características que explicam por que e como as sociedades se alteram e se transformam. Para Hobsbawm, a força imensa do marxismo esteve em sua ênfase na dinâmica interna da mudança estrutural. O marxismo é uma "teoria estrutural da mudança", isto é, ele articula permanência e mudança, mas acentua a contradição, a dinâmica social. O seu objeto histórico é a mudança social. A abordagem estrutural só é cientificamente relevante porque revela as condições e a direção da mudança (Hobsbawm, 1982).

Quanto aos Annales, na sua reconstrução do tempo histórico, eles pensam a história na perspectiva da continuidade, da coerência estrutural, da permanência, do equilíbrio dos tempos divergentes, da "espacialização" do tempo histórico, do não engajamento direto, da não utopia, da neutralidade em relação a valores, da não teleologia. Os Annales pensam a história de modo metodológico, tecnológico, positivista, sem nenhuma apreciação negativa dessa opção teórica. Os Annales são neodurkheimianos nas duas primeiras gerações e antropológico-foucaultianos na terceira. Eles são neopositivistas, estruturalistas e pós-estruturalistas e não apreciam o evento e a mudança que ele representa. Anti-iluministas e antimarxistas, os Annales são antiprogressistas, antirrevolucionários, descontinuístas, não teleológicos. Eles abordaram um homem inconsciente, que não sabe o que quer e nem o que fazer para produzir a história. Os Annales fazem uma história de massas, de coletividades anônimas, sem consciência e sem projeto, ao contrário dos marxistas, que fazem uma história de classes, que são uma coletividade singularizada, uma subjetividade consciente e com um projeto político-social próprio (Chesneaux, 1995).

Os Annales diriam que o marxismo ainda é um idealismo. E eles romperam com a especulação filosófica e optaram pelo apoio teórico das ciências sociais. Se os marxistas pensam e produzem a revolução, otimistas e confiantes na tese de que a "razão governa o mundo", os Annales a recusam, pois não estão tão seguros daquelas convicções iluministas. Eles se opõem à aceleração da história com base em um conhecimento especulativo do sentido da história. Contudo, enfatizando a divergência, Burguière considera importante o diálogo entre Annales e marxistas, mesmo em tom elevado e a fisionomia alterada, pois vê o marxismo como "a mais avançada das teorias unilineares da história" (Burguière, 1971; Reis, 2004 e 2008).

Nos Annales, a análise estrutural vem explicar e incluir o evento. A mudança é enquadrada em uma permanência. Eles rejeitaram a ideologia da mudança, da evolução progressiva da humanidade nas pegadas da Europa. A pesquisa estrutural dos Annales recusa o evento "quente". Dessas estruturas bem fechadas não se sabe bem como sair, pois não se reconhece uma lógica interna e constante da mudança estrutural. Como mudam as sociedades? Inantecipável, a não ser especulativamente! A história estrutural procura se livrar do marxismo e daquilo que o coloca distante dela: a abordagem da estrutura social como conflito, tensão, contradição, pois se acredita conhecer a lógica interna e constante da mudança. É exatamente essa a abordagem que os Annales evitam. A Revolução Francesa tornou-se um mito, uma crença ideológica. O evento é dramático e trágico porque é a intrusão das massas populares em um tempo que não é o delas: o da inovação. Furet formula com lucidez esta perspectiva da história estrutural. Para ele, as massas não podem inovar, pois elas não conhecem o evento. Seu tempo é repetitivo, contínuo, rotineiro, habitual, estrutural. As elites, sim, são revolucionárias, têm um tempo ágil, criativo, portador da mudança e do evento. O evento produzido pelas elites é estruturado, isto é, criativo e produtivo, pois repercute dentro das fronteiras de um mundo econômico-social a ser preservado. As elites são inovadoras e propriamente revolucionárias. A revolução que realizam não vem desestruturar, interromper e quebrar, mas renovar, reinaugurar, reestruturar (Furet, 1989; Vovelle, 1987).

As massas quando produzem eventos tornam-se elites, passam a ter a iniciativa histórica e mostram que não sabem fazer a história. Elas quebram as estruturas que lhes são desfavoráveis sem terem condições de propor e construir novas. É esse o perigo a ser evitado: as massas devem continuar em seu tempo repetitivo e cotidiano, pacíficas. A mudança é assunto das elites, que têm a perder e a ganhar e jamais porão em risco o edifício social. Essa visão da revolução e do papel nela das elites e das massas escandaliza profundamente os marxismos, que passam a ver nos Annales os "historiadores do capital", um adversário a ser sistemática e duramente combatido. No entanto, Burguière insiste, ao produzir análises estruturais, os Annales continuam a ser portadores da perspectiva histórica, que é a da mudança. Sua ideia de história não é conservadora e reacionária, eles tematizam e enfatizam também a mudança, mas estruturada, parcial, planejada e calculada. A análise estrutural que eles realizam visa a explicitar a mudança, torná-la conhecível e controlável, e não suprimi-la (Burguière, 1971).

O conflito entre os marxistas e os Annales é, portanto, duplo: ideológico e epistemológico. Geralmente, os marxistas reduzem o epistemológico ao ideológico, não os distingue, o que dificulta ainda mais a interlocução entre ambos. Ideologicamente, eles se opõem porque usam conceitos antagônicos: revolução × continuidade, política × neutralidade, classes × massas, "fazer a história" × "fazer história", atividade × passividade, consciência de classes × inconsciência de massas, esquerda × direita. Os Annales querem articular indiretamente os interesses e a ação de grupos empresariais, financeiros, do Estado-empresa, das massas produtoras/consumidoras. Os marxistas articulam os interesses e orientam diretamente a ação das classes revolucionárias. Epistemologicamente, eles se opõem porque os Annales evitam a discussão teórica, que, segundo eles, pode derrapar na especulação filosófica, no dogmatismo, no sistema. Os Annales tratam a reflexão teórica com reservas e prudência e os marxistas os censuram por isso: eles teriam substituído a discussão teórica por uma metodologia, por uma prática efetiva, empírica, sem apoio teórico. A sua teoria histórica, eles a importam: numerosas teorias das outras ciências sociais. A diferença entre marxistas e Annales quanto ao valor dado à teoria na história é acentuada pelos marxistas, que se sentem em uma posição epistemologicamente superior, isto é, para eles, "ideologicamente" superior (Chesneaux, 1995; Dosse, 1987).

Para Althusser, *O capital* é primeiro um objeto teórico, é uma obra de teoria da história e não "conversa fiada" anedótica sobre o vivido. Os Annales, quando fazem teoria histórica, tenderiam, segundo Althusser, à conversa fiada e ao anedótico! E ele tem alguma razão. A sua teoria, geralmente, os Annales a fazem com "testemunhos pessoais do *ofício* de historiador" ou com "resenhas assassinas". Eles comparam a história a uma oficina, o historiador a marceneiros que cortam a madeira e deixam cair serragens etc. Na perspectiva de Althusser, isso não é teoria, mas ausência dela. Quanto à temporalidade, por exemplo, para ele, os Annales apenas constatam uma multiplicidade temporal, mas não buscam articulá-la teoricamente em um todo complexo, em uma "concordância de tempos discordantes" (Althusser, 1970; Vilar, 1976).

Para Josep Fontana, os Annales são um dos pilares do academicismo, que finge preocupações progressistas e procura afastar os historiadores do perigo da reflexão teórica, que é substituída por um conjunto de ferramentas metodológicas da mais reluzente novidade e com garantia de cientificismo. Seus traços mais visíveis são o ecletismo, uma vontade globalizadora, e um esforço pela modernização formal, instrumental. Fontana reduz o epistemológico ao ideológico. Para ele, a função ideológica dos Annales é clara e aparece já em suas opções epistemológicas: atacar o progresso e a revolução. Eles desviam a atenção dos historiadores dos grandes problemas para o jogo obscuro das sociedades. Para os Annales, Fontana conclui, a "exploração capitalista" é uma tese sem sentido. (Fontana, 1998).

Quanto aos Annales, eles desconfiam do que os marxistas chamam de "teoria" ou "Teoria" ou outra construção artificial qualquer. Para eles, o que os marxistas chamam de "(T) teoria" só é a expressão de sua tendência, de seu interesse, de sua paixão partidária, de seu dogmatismo, de sua manipulação das massas, de suas ideias endurecidas, esclerosadas, de sua perigosa vontade de potência... A "teoria geral" marxista foi interpretada a partir de perspectivas as mais contraditórias, excludentes e surpreendentes. Isso poderia provar, por um lado, a imensa riqueza epistemológica e prático-política da criação de Marx; mas, por outro lado, a possibilidade de leituras tão diversas de uma mesma teoria poderia permitir a dúvida em relação ao seu orgulhoso "rigor científico". Para os Annales, a dita "teoria marxista", a sua "ciência da história", que se imagina "dialética", levou o conhecimento histórico a desvios que o tornaram completamente inválido e muito perigoso: mecanicismo, economicismo, reducionismo, voluntarismo, determinismo, dogmatismo, positivismo, etapismo, ideologismo, utopismo, historicismo, partidarismo, relativismo etc. E eles se perguntam: estariam "as teorias marxistas" realmente interessadas na emancipação revolucionária da classe operária? Estariam elas de fato empenhadas na construção do futuro livre e sem hierarquias e explorações sociais? Que se consulte a história e, em particular, a história dos partidos comunistas do mundo inteiro... O debate dos Annales com os partidos comunistas, sobretudo com o francês e o soviético, foi borbulhante: eles se sacudiram reciprocamente, firmemente.

Eis alguns dos argumentos dos marxistas soviéticos contra os Annales (Ferro, 1985; Chesneaux, 1995):

- embora aborde a sociedade em termos econômico-sociais e estruturais, a história dos Annales pretende a conservação estrutural e não a sua alteração, o que a torna cúmplice da exploração que está na base da luta de classes;
- o tempo histórico dos Annales é conciliador, maquiavelicamente construído, absorvendo conquistas revolucionárias com vistas à defesa e manutenção da ordem capitalista em vigor. É um tempo determinista, apolítico, objetivista, intelectualista, engajado à direita e teoricamente malconstruído;
- os Annales não "renovaram a história", como pretendem. O tempo histórico marxista era uma "dialética da duração", fazia uma história econômico-social e estrutural, concebia um tempo múltiplo e plural e ainda tinha a vantagem de não ser reacionário. A linguagem da "longa duração" tematiza homens passivos, massas de consumidores, trabalhadores rotineiros, que sofrem o seu destino. Os Annales fazem uma história massiva, passiva, sem sentido; os marxistas, uma história classista, ativa, socialista, revolucionária;
- os Annales produzem uma história quantitativista, positivista, despolitizada... Guerras, sistemas de forças

internacionais, lutas pelo poder político, revoluções, não interessam ou são transformados em gráficos e tabelas. Quando na verdade a história política é essencial às massas, porque é nela que elas encontram a definição de sua alimentação, saúde, educação, a possibilidade de sua realização pessoal. A "longa duração" é política; a demografia histórica é de classes, pois trata da vida e da morte e das alianças familiares de ricos e pobres. A "longa duração" dos Annales serve à continuidade capitalista e não à mudança;

- os marxistas sob Stalin consideram a história dos Annales sob suspeita, a serviço do capital e dos americanos. Os Annales seriam agentes a serviço do imperialismo americano e sobreviventes de um conhecimento histórico ultrapassado — eles ainda não conheciam a "verdade revelada" por Marx. Como se pode pensar a história sem o conceito de modo de produção e sem o determinismo em última instância do econômico? Como se pode pensar a história sem a realidade da luta de classes?;

- em Braudel, as comunidades humanas fazem parte da natureza, como um elemento da paisagem. Não são sujeitos que a transformam. Para Braudel, os homens não podem ir contra o sentido profundo da história. Os conceitos e modelos se impõem à ação consciente dos homens. Trata-se de um neocientificismo, de um *positivismo new look,* que se opõe à mudança produzida pela ação coletiva e voluntária, à luta de classes. A rejeição do evento, a história das mentalidades e serial têm um alcance ideológico e não epistemológico. Isso é válido também para a rejeição da história política. Os Annales são bons técnicos, mas são maus cidadãos. Eles não discutem o futuro e não estabelecem uma orientação para a ação.

Os Annales se defendem contra-atacando (Ferro, 1985; Mann, 1971):

- Febvre criticava o marxismo como ideologia do progresso, teleologia servidora dos poderes constituídos. Febvre rejeitava a concepção materialista da história, que considerava uma abordagem mecanicista e reducionista da história. Febvre era contra todo determinismo unilateral, seja econômico, geográfico ou psicológico-mental. Para pensar a sociedade, ele se opunha à "metáfora do pedreiro": alicerces e superestrutura; ele preferia a "metáfora da eletricidade": todas as instâncias sociais estão eletrificadas e se comunicam reciprocamente suas energias. E nenhuma é o centro ou base dessa energia que circula com a lógica das trocas recíprocas, que produzem a "luminosidade", a vida humana. A causalidade da história dos Annales é estrutural: as instâncias socioeconômico-mentais se determinam reciprocamente e a história é explicável por múltiplos fatores. Não há primeiro motor da história. Não há um primeiro fator, não há "determinação em última instância", mas determinação recíproca das estruturas;
- os marxistas não estudam e nem se dão conta do totalitarismo soviético. Obcecados pela sua teoria, vítimas dela, eles se sentem a bordo da verdade absoluta. Eles não percebem o caráter economicista e determinista de

suas análises. Fazem uma "história oficial" legitimando a ação centralizadora do partido, que se apresenta como "parteira da história". São historiadores a serviço de Moscou. Fazem um discurso moral que esconde pretensões políticas totalitárias. Suas obras servem ao poder e são inseguras e tendenciosas. Eles alteram a argumentação e a prova, dependendo das circunstâncias políticas...

- os marxistas a serviço de Moscou transformam camponeses em "heróis revolucionários", quando o poder soviético só quer reforçar o sentimento de fidelidade nacional. Não percebem que não fazem mais uma história revolucionária, socialista, mas defendem os interesses do novo poder totalitário nacional-socialista. Sua história deixou de produzir a verdade histórica, que segundo eles próprios é "revolucionária", para produzir ideologia, mistificação, legitimação, a universalização de interesses particulares encastelados no Estado totalitário. Assim, esses historiadores criam exemplos que servirão para estereotipar a ação e a vida social, reduzindo a zero o inventário das diferenças. Todos os países do mundo são postos na mesma situação da Rússia pré-revolucionária e analisados sem se considerar as suas diferenças e especificidades. O modelo da Revolução Soviética é válido para todos os países do mundo. É um modelo reducionista e unilinear que não revela nada da realidade;
- os marxistas oficiais afirmam que os Annales não oferecem explicações científicas; colocam os Annales no pelourinho em nome da verdade revolucionária. E eles, fazendo a sua "história explicitamente oficial", oferecem "explicações científicas"?

Este foi o debate agressivo, duro, alto e em grosso calibre, mais político do que teórico, entre os Annales e os marxistas soviéticos ou simpatizantes destes em todo o mundo. Foi o debate dos Annales com os partidos comunistas, em particular o PCF, os portadores da tese do "centralismo democrático". Entretanto, o marxismo não se reduz à interpretação que fez dele o marxismo-leninismo soviético. Há outros intérpretes da teoria marxista que produziram reflexões profundas e inesquecíveis sobre a história. No século XX, a pesquisa histórica acadêmica foi profundamente marcada pelas teorias marxistas. O debate entre os Annales e esses marxistas acadêmicos foi mais ameno e produtivo, embora se tendesse a reduzir a diferença epistemológica entre eles para permitir a aproximação, que o debate ideológico radicalizado tornava difícil. Aquela complementaridade/conciliação mencionada acima pode ser tentada e foi de algum modo produtiva. Tal desvio foi mais fecundo do que o distanciamento produzido pelo combate ideológico. Na universidade, os dois programas puderam ser, por um lado, complementares/colaboradores, e, por outro, interlocutores eloquentes e conceitualmente sóbrios de um diálogo válido, profundo e fecundo, sobre os homens e a historicidade.

P. Vilar era membro dos Annales e publicava seus trabalhos marxistas entre os Annales; E. Labrousse, G. Lefebvre, G. Friedman, M. Vovelle, M. Godelier são marxistas não incompatíveis com os Annales. G. Duby usa de modo heterodoxo e eficaz conceitos marxistas como "classes", "ideologia", "modo de produção"... A divergência não impediu o respeito recíproco e o trabalho comum. Os marxistas dos Annales oscilavam: ora afirmavam a sua diferença, ora cediam e colaboravam para se integrar ao grupo. Um marxismo mais estrutural, mais conceitual, menos ideológico, menos enraivecido e juiz severo das diferenças teóricas pode dialogar com o programa dos Annales e vice-versa. Tanto o marxismo quanto os Annales são compatíveis com a abordagem estrutural. Todavia, nessa "colaboração" teria havido perda de rigor teórico de ambas as partes, concessões que tornaram as duas escolas ecléticas e irreconhecíveis aos olhos das suas respectivas ortodoxias ou mesmo das heterodoxias? É possível.

"Diferenciados"

Neste momento, aparece uma *terceira possibilidade de leitura* do diálogo entre Annales e marxistas: nem a complementaridade que atenua a diferença epistemológica e nem a rivalidade que não distingue a dimensão epistemológica e a ideológica, reduzindo a primeira à segunda. A ideia de diálogo torna-se mais precisa: ele não implica concordância e ausência de tensões e nem oposição radical sem nenhuma possibilidade de intersubjetividade. O diálogo não pode existir na fusão/assimilação e nem na oposição/combate. Ele só é possível entre diferentes que se olham de frente, face a face, com simpatia, mas sem concessões; e com concessões sob raciocínios cogentes, sem submissão. É uma intersubjetividade que não visa a uma homogeneização, uma pacificação, um consenso forçado, mas o reconhecimento do alcance e dos limites da diferença. A relação dialógica (dialética?) diferencia, evitando fundir ou opor.

Se os defensores do Sorex se opunham sem reservas aos Annales, a interlocução mais serena e sóbria com os marxistas acadêmicos não deve nos levar a pensar que se trata de dois métodos ou escolas convergentes/assimiláveis ou sem contradições insuperáveis. Nessa terceira abordagem, a diferença entre as duas escolas se mantém e se intensifica e os níveis ideológico e epistemológico não se fundem. O debate se torna teórico, conceitual. A divergência torna-se profundamente fecunda. Na nossa perspectiva, não seria interessante para a teoria da história nem que as duas escolas se tornassem "complementares" (colaboradoras e indiferenciadas), nem "apaixonadamente diferentes" (surdas-mudas teoricamente entre si). Teoricamente, a sua divergência é extremamente enriquecedora dos estudos históricos e das opções de ação históricas e não deve ser atenuada, mas intensificada. São duas "hipóteses históricas", dois instrumentos de trabalho, sem nenhum compromisso com a colaboração.

Nenhuma hipótese teórica expressa o "real enquanto tal"; são estratégias para a sua abordagem. Nenhuma hipótese é tão totalizante que possa ser assim como um ponto de vista do Sol ou de Deus. E quando reivindicam tal amplitude tornam-se "totalitárias" e deixam de ser cognitivamente fecundas. Marxismo e Annales são holofotes parciais que iluminam de algum modo a realidade social. São "ângulos de iluminação", "pontos de vista", "instrumentos teóricos", "hipóteses", que só são fecundos enquanto são nitidamente "opções teóricas". Os historiadores se servem de tais hipóteses e não poderiam ser vítimas delas. São dois pontos de vista sobre a história: divergentes, diferentes, rivais, concorrentes. E aí reside em grande parte a sua riqueza, pois a história não se submete a uma leitura única ou eclética. A teoria da história ganharia muito em diferenciá-las conceitualmente na pesquisa e na ação, sem pressa em aderir ou se opor. O trabalho crítico da teoria é um esforço de definição dos "limites" das hipóteses históricas. Nossa sugestão é a de que se o diálogo entre marxistas e Annales fosse posto nesses termos, o que estaria ainda por ser feito, a sua diferença se tornaria mais enriquecedora do que a sua "complementaridade" ou "oposição".

Contudo, a grande dificuldade teórica é definir os termos dessa diferença. Na nossa perspectiva, a diferença aparece essencialmente e primeiro na concepção da temporalidade. É uma diferença epistemológico-ideológica e que não se reduz ao ideológico. A terceira leitura das relações entre Annales e marxistas resgata o aspecto epistemológico da diferença essencial quanto à temporalidade. Marc Ferro define a diferença entre eles desse modo: a história dos Annales se limita ao diagnóstico. É uma "história experimental" que não tem nenhuma pretensão terapêutica. Para os Annales, a sociedade não estaria "doente" e o historiador não teria a tarefa de "curá-la". Eles não fazem uma história oficial nem do Estado, nem da Igreja, nem do partido, nem da nação, nem da classe, nem do capitalismo. Buscam o saber, a "verdade histórica", sem nenhuma pretensão de universalidade e absoluto. Para Ferro, o marxismo produzia ao mesmo tempo análise histórica, teologia e moral. Ele considera que os Annales constituem um centro de pesquisa independente, produzindo uma "história autônoma". Os Annales se silenciam sobre o seu próprio projeto, evitam "teorizá-lo", pois querem fazer uma "história experimental". É uma história que prefere acompanhar a história, levantando sobre ela problemas e hipóteses em vez de antecipar especulativamente o seu futuro (Ferro, 1985).

Esse esforço de autonomização dos Annales por Ferro nos surpreende, exigindo no mínimo mais argumentação de sua parte. A epistemologia da história já concluiu que todo conhecimento histórico é relativo a uma época e sociedade. Os Annales não seriam exceção. Nós compreendemos a história dos Annales de modo menos independente. Ela seria uma história neoconservadora, isto é, relativa à sociedade tecnocrática, terceira via entre o marxismo e o historicismo, oferecendo uma legitimação crítica aos novos poderes da sociedade capitalista dirigida então pelos americanos. Essa tendência foi vivida diferentemente em cada fase da revista e do grupo, dependendo da história efetiva, da mudança dos colaboradores e das alianças com as ciências sociais. É uma história que separa "fazer história" e "fazer a história". O historiador só produz conhecimento, uma atividade intelectual e técnica; ele se afasta politicamente da realidade social, isto é, a sua história não visa a legitimar o presente, mas problematizá-lo. É uma história que pensa o passado a partir do presente, mas sem aderir ao presente. O conhecimento histórico que produz não legitima o presente, não o revela como continuidade superior do passado, mas como "diferença", "alteridade". Eles recusam as ideias de progresso e revolução, porque querem "desacelerar a história". Para os Annales, a história não tem um sentido final que oriente e justifique a ação total. Eles se restringem a uma atividade intelectual: põem "problemas históricos" e formulam "respostas possíveis, hipóteses", esclarecendo as relações entre presente e passado (Reis, 2008 e 2004).

Ao fazerem essa "história intelectualista" eles não a tornam "autônoma", independente dos sujeitos históricos efetivos. A sua história ainda quer pensar o presente-futuro e orientar a ação, mas de um modo problematizador, polêmico, não legitimador. Eles oferecem indiretamente aos que decidem, empresários, sindicalistas, tecnocratas, banqueiros, a sua localização, a diferença-identidade do presente em relação ao passado. Oferece-lhes o quadro objetivo em que podem planejar decisões eficazes. Por um lado, a história dos primeiros Annales é um projeto ainda moderno, pois ainda crê na razão como instrumento do conhecimento verdadeiro, que serve à ação; mas, por outro, eles abrem mão do sentido utópico e da verdade revolucionária da modernidade. São "modernos" à maneira estruturalista. Como o próprio movimento estruturalista, os Annales estão entre a "suspeita da razão" e o esforço de torná-la mais eficiente. Na terceira geração, e sobretudo após 1988/89, os Annales romperam até mesmo com esse esforço de buscar uma "verdade estrutural", tornaram-se pós-estruturalistas, pós-modernos, sob a influência dos neonietzschianos Derrida, Deleuze e sobretudo Foucault. A dita Nouvelle Histoire, se essa noção faz sentido, isto é, os últimos Annales, está distante da primeira e segunda gerações, não busca mais nem mesmo uma "razão/verdade histórica estrutural" e produz uma história fragmentada (Dosse, 1987; Reis, 2008 e 2004).

Quanto ao marxismo, se foi compatível com o iluminismo e o estruturalismo, ele parece incompatível com o pós-estruturalismo. Ele insistirá sempre na ação revolucionária que busca revelar uma verdade essencial, metafísica, que seria a base de uma sociedade livre e justa. O marxismo insistirá talvez sempre em ser a voz de uma verdade essencial que se revela na história. Ele terá sido superado se a tese iluminista, racionalista, de que a "razão governa o mundo", for definitivamente descartada; terá sido superado se a tese de que a "razão estrutural", que possui uma realidade oculta, mas conhecível, for definitivamente descartada. Com o pós-estruturalismo, ele parece ser incompatível e se silencia...

Quanto aos Annales, eles têm a habilidade da adequação aos novos ventos. Mas eles não são mais hegemônicos no Ocidente, mesmo se, ironicamente, são moda hoje na Rússia! (Bessmertny, 1992). A "teoria e metodologia da história", hoje, já não tem mais o seu centro na França, embora a École des Hautes Études en Sciences Sociales (EHESS) seja ainda uma instituição importante e de muito prestígio. Tornou-se um importante centro internacional. Os grandes nomes dos

Annales ou se "aposentaram" ou já morreram. Não houve renovação dos quadros dos Annales nos mesmos padrões dos anteriores. Mas a sua grande qualidade é a sua abertura à novidade, o seu antidogmatismo. A micro-história italiana, eles a conhecem e a praticam; a história do gênero americana (*the gender history*), eles a conhecem e a praticam. A história cultural produzida por Roger Chartier ainda é uma referência internacional ligada aos Annales. Eles se adaptam ao dito "pós-modernismo", aos seus temas e polêmicas, aos novos sujeitos do conhecimento histórico. Eles dialogam com interesse e em pé de igualdade com americanos, italianos, ingleses, alemães; e com interesse, mas ainda em um tom altivo e imperialista extemporâneo, com chineses, africanos e latino-americanos. A sua posição em relação a uns e a outros é, agora, a de observadores e de quem quer acompanhar e recuperar o domínio dos ritmos da história. Enfim, os Annales se adaptam; os marxistas, que constituem ainda grupos importantes de pesquisa, que ainda continuam a fazer necessários e relevantes estudos e análises do mundo capitalista globalizado, eles voltarão (e em que termos) a ocupar o lugar central que ocuparam durante todo o século XX nos estudos históricos?

Considerações finais

A sobrevivência ou não de ambas as escolas (e os termos dela) depende do desdobramento que a história vai encontrar para o impasse "projeto moderno" *versus* "pós-modernidade". O projeto iluminista teria sido definitivamente abandonado? Não há conclusões definitivas quanto a isso. O debate opõe os "críticos radicais" da razão, os chamados pós-estruturalistas, aos seus "críticos críticos", que incluem os marxistas. Os "críticos radicais" da modernidade são os que saltaram para fora da razão e assumiram o irracionalismo: não acreditam na estabilidade da linguagem, na possibilidade da comunicação, da intersubjetividade e do consenso, não confiam nos sujeitos e nos valores iluministas que levariam à construção de uma sociedade verdadeiramente humana. O seu projeto é o de "desconstruir", "deslegitimar", "esquecer" a metafísica da subjetividade moderna. Eles parecem querer contribuir para o aumento da ininteligibilidade da história! (Cardoso, 1997; Ferry, 1988; Descombes, 1989).

Entretanto, parece haver uma ambiguidade nesse movimento: a pós-modernidade seria uma ruptura com a razão ou um novo modo de formulação da razão? Por um lado, os decepcionados com o racionalismo ocidental adotam uma postura niilista, como se a vida e a história tivessem perdido o sentido. Por outro, a fragmentação revela uma agudização da razão: Lévi-Strauss, Foucault, Derrida, Deleuze levam a razão aos lugares mais escuros, menos frequentados por ela, isto é, ampliam o seu alcance. A razão atinge agora os "primitivos", os rejeitados, os esquecidos, os prisioneiros, os doentes, os marginais, os loucos, as minorias excluídas, enfim, as franjas claro-escuras ou francamente escuras da realidade. E uma razão descentrada, múltipla, plural, fragmentada não é mais lúcida, mais flexível e integradora, mais "compreensiva" do que uma razão unificadora, centralizadora, explicativa e autoritária? A relatividade de Einstein, por exemplo, não significou desilusão, relativismo; é uma razão mais rigorosa, mais precisa, que sintoniza mais fino... (quem sabe até mais absoluta?). A história iluminista perdeu credibilidade; ora, não teria sido uma razão renovada que teria propiciado a constituição de uma nova história? (Ferry, 1988; Dosse, 1993).

Os "críticos críticos" da razão iluminista e do seu projeto moderno não veem outra alternativa fora dela. A posição de Habermas é representativa do "marxismo crítico" que quer prosseguir o projeto moderno. A questão é: deve-se abandonar o projeto das "Luzes" ou defendê-lo de sua desintegração? Para os "críticos críticos", a modernidade não deve ser reduzida aos seus resultados negativos. Habermas considera mais fecundo definir os seus limites e desvios e recuperar os meios que esta própria razão tem de se autocriticar. Só a razão pode se opor criticamente a si mesma. Habermas defende uma razão autocrítica contra a razão instrumental, manipuladora e violadora do real e do outro. Ele acredita e defende uma razão comunicativa, intersubjetiva, ético-prática. Habermas insiste nos conceitos iluministas de sujeito e consciência, que seriam fundados numa linguagem estável, que possibilita o diálogo e a ação legitimada pelo discurso. A razão não se reduz ao seu aspecto instrumental; ela tem a possibilidade de se autocriticar e definir os seus limites de validade. Há um alargamento do conceito de razão. A razão moderna possui meios para a sua autossuperação. Ela tem os seus próprios meios para pensar e pronunciar o seu outro: a violência, o desvario totalitário, a vontade de poder (Habermas, 1987; Ferry, 1988).

Os "críticos críticos", e Habermas em particular, preferem manter a confiança e o otimismo em uma história sensata, defendem a linguagem e a vontade de sentido contra a ação sem linguagem e legitimação, que é a violência muda e a vontade de potência. A razão não poderia recuar diante da emergência dos seus aspectos irracionais e nem reprimi-los, como fez até então. Só lhe restaria o caminho da autocrítica e da autossuperação dialética, pela comunicação, pela linguagem, pelo diálogo, que reconstruiria a possibilidade da intersubjetividade e do consenso. Os seus "críticos críticos" querem "reconstruí-la", pois estão comprometidos com o sentido e a inteligibilidade da história (Cardoso, 1997).

Capítulo 6

Gilberto Freyre, poeta do Brasil

Gilberto de Mello Freyre, pernambucano, nascido em 1900 e falecido em 1987, autor de *Casa-grande* & *senzala* (1933) e de uma obra vasta, na qual se destacam ainda *Sobrados e mocambos* (1936) e *Ordem e progresso* (1959), foi um dos intelectuais brasileiros mais reconhecidos no exterior e, paradoxalmente, mais contestados internamente. *Casa-grande* & *senzala* talvez seja o livro de um autor brasileiro e sobre o Brasil mais lido fora daqui e o mais polêmico aqui. Freyre obteve reconhecimento universal e possui todos os títulos, os prêmios e as honras acadêmicas de quase todas as grandes universidades do mundo. Ele, aliás, não se cansava de lembrar e recitar cada homenagem, pelo que era hostilizado por alguns intelectuais — sobretudo paulistas — que o consideravam vaidoso, juvenil, provinciano.

No entanto, ele tem toda razão de se orgulhar, pois as grandes universidades do mundo não distribuem as suas bênçãos sem rigorosos critérios. E censurá-lo por ser tão bem-sucedido e se orgulhar de sê-lo, como é comum, não é simpático nem elegante. Como brasileiros, deveríamos até nos sentir orgulhosos por vê-lo levar tão longe o nosso talento. Sua obra é reconhecida como uma referência superior da ciência social pelos mais importantes historiadores e cientistas sociais, embora ele jamais aceitasse ser classificado como "especialista" das ciências sociais, antropólogo, sociólogo ou historiador. Ele sempre se apresentou como "escritor ou ensaísta", o que não limitou a repercussão da sua obra no interior das ciências sociais, que é enorme, pelas inovações metodológicas, pela flexibilidade e beleza de seu texto.

Sua análise do Brasil é ao mesmo tempo racionalmente conduzida e possui forte carga de afetividade e subjetividade. É um texto de ciência social qualitativo, que incomoda a ciência social preocupada com a quantificação. *Casa-grande & senzala* é como um "livro onírico", atravessado por associações, deslocamentos, condensações e tropos diversos, fruto de uma profunda intuição-imaginação do Brasil. Como romancista, ele não se colocou fora do seu objeto de estudo, já que esse objeto fazia parte da sua própria vida. Sua escrita é encarnada, comprometida; ela traz à expressão uma grande margem da história até então muda, não refletida e explicitada. O seu estilo é "oral", coloquial, como uma conversa informal entre o presente e o passado. Ele utiliza as múltiplas linguagens brasileiras, desde as mais eruditas às mais populares e até chulas. Seu texto é um raro prazer.

Ele fala do Brasil de dentro e não como um objeto natural. O pertencimento ao seu objeto dá a seu texto uma impressão de verdade imediata e interior. Ele parece ter uma "visão do passado". Freyre parece experimentar o vivido que descreve. Seus analistas comparam o seu estilo ao de Proust: uma introspecção meticulosa e emocionada do passado, uma "visita realista" ao vivido. Ele próprio declarou inspirar-se em

Proust. Ele procura revelar e expressar o íntimo e o familiar, geralmente misteriosos e inefáveis. O Brasil colonial aparece "vivo" em toda a sua contraditoriedade. Freyre é um autor criativo, sensível, e o passado colonial brasileiro é percebido com os seus cheiros, ruídos e prazer de viver. Ele expressou o inconsciente da vida coletiva, a sua cotidianidade afetiva; produziu uma "revivência", uma "recriação" — em seu espírito e no espírito do leitor — do nosso passado. Freyre é um poeta do Brasil. A sua obra representou um avanço colossal em nosso conhecimento de nós mesmos, brasileiros.

A sua formação é basicamente norte-americana: no Colégio Americano Batista do Recife, onde se tornou protestante; na Universidade de Baylor, no Texas (1918-20); e na Universidade de Colúmbia, Nova York, orientado por Franz Boas. Alguns analistas consideram que sua obra levou a pesquisa histórica brasileira a uma problemática nova e alemã: a do historicismo de Dilthey, Simmel e Weber, apesar de Freyre pouco citar fontes alemãs. Freyre teria encontrado afinidades com a sociologia compreensiva de Weber, com a "abordagem empática". Entretanto, a sua formação americana é só indiretamente alemã, pela presença de Franz Boas. Este dava ênfase ao conceito de "cultura", combatendo o evolucionismo biológico, racial. Boas não acreditava que a pobreza estaria reservada aos mestiços ditos "biologicamente inferiores". A raça não seria determinante sobre o meio cultural. Os grupos diversos de uma mesma raça respondem diferentemente aos desafios geográficos, econômicos, sociais e políticos, criando culturas distintas. Como os meios antropológicos estavam marcados pelo determinismo geográfico e racial, esta ênfase na "cultura" traria uma mudança significativa na pesquisa social. Os fenômenos culturais são complexos e não se submetem a leis. Boas negava o determinismo, o evolucionismo, o cientificismo e se aproximava do historicismo alemão com sua ênfase na cultura e na relatividade dos valores.

Dominado pelas influências americana e alemã, Freyre descobriu, ao mesmo tempo que os franceses dos Annales, a história do cotidiano, a história das mentalidades coletivas, a renovação das fontes da pesquisa histórica: receitas culinárias, livros de etiquetas, fotografias, festas, expressões religiosas, brinquedos e brincadeiras de criança, cantigas de roda, histórias infantis, relatos de viajantes estrangeiros, autobiografias, confissões individuais, diários íntimos, lendas, folclore, periódicos... E não negligenciou a documentação institucional, oficial, estatal. Nas novas fontes e no novo olhar lançado por Freyre sobre o Brasil colonial, o imaginário se mistura à "realidade", e a realidade social ganha toda a sua densidade. Diferentemente dos Annales, ele jamais procurou um controle quantificado das fontes. Em plenos anos 1930, ele seria até mais próximo da terceira geração dos Annales dos anos 1970!

Freyre vê a história pelos seus inúmeros lados e o conhecimento do Brasil torna-se quase mediúnico. Ele parece ser capaz de ver os dois lados da Lua ao mesmo tempo, o aparente e o oculto: percebe o todo em sua complexidade, unifica e harmoniza a divergência e a tensão. Febvre afirma, prefaciando a tradução francesa, que *Casa-grande* não é um livro simples: é um enorme painel do passado, nascido de uma meditação sobre o futuro. Ele não oferece respostas fortes, mas nos convida a refletir sobre a questão maior do século XX: é possível uma única civilização em que todos possam encontrar nela a sua pátria cultural? Prefaciando a tradução italiana, Braudel — que provavelmente podia lê-lo em português — afirma que o estilo de Freyre é o de uma "sereia": ele nos dá um prazer concreto, físico, levando-nos a viajar, com a sua linguagem musical irresistível, em luxuriantes paisagens tropicais.

Entretanto, apesar de genial, Freyre se apresentava politicamente muito conservador, e por isso foi muito contestado internamente. Ele renova e revigora a interpretação do Brasil das elites imperiais que teve enorme influência, e ainda tem, sobre a vida brasileira. Varnhagen, historiador brasileiro do século XIX, sustentou a tese de que o Brasil só pode ser compreendido como uma mescla de raças, sob a hegemonia da raça branca, defendeu o mito do "branqueamento" e apoiou o Estado monárquico em todas as suas iniciativas. Essa interpretação do Brasil ainda hoje é ensinada na escola fundamental: heróis luso-brasileiros, guerras contra índios e negros, e "invasores estrangeiros": o elogio da conquista, da escravidão, do Brasil grande, potência, "outro Portugal". Até hoje essa representação do Brasil é viva e forte.

Freyre representou, de certo modo, um abrandamento dessa interpretação, ao aceitar a presença negra, ao recusar o branqueamento e ao admitir a "morenice" brasileira. Por outro lado, Freyre renova e revigora Varnhagen. Tornou-se cartilha das elites pós-1945; foi distribuído em quadrinhos e santinhos na escola fundamental brasileira depois de 1964. As elites ganham um perfil simpático, democrático, brando, afável... e continuam dominando. A sua visão da miscigenação e da morenização do Brasil, por um lado, é até "revolucionária", pois rompe com o racismo branqueador dominante. Freyre foi o primeiro intérprete do Brasil a fazer o elogio da presença negra e dedicou a ela dois volumosos e excelentes capítulos. Ele considerava a presença negra em termos culturais e não raciais; a cultura brasileira é rica e original porque incorporou muito dos costumes, dos saberes e da afetividade dos negros. Entretanto, o movimento negro o combate ferozmente, pois ele desfaz as tensões e contradições raciais, nega o preconceito racial ao sustentar que há no Brasil uma democracia racial, a integração plena de negros e indígenas, pois ambos teriam sido "colaboradores" do branco na construção do mundo cultural brasileiro.

Freyre olha o Brasil do alpendre da casa-grande, seu olhar é senhorial e dominador. Ele considera que o brasileiro é dominado por um tempo lento e lúdico, preguiçoso. O ritmo brasileiro de atividade é uma combinação de trabalho e lazer. Neoibéricos, os brasileiros não gostam do trabalho intelectual ou manual e não têm preconceito contra o lazer, que não é visto como vício, pecado. O brasileiro gosta mesmo é de tocar violão e cantar, comer seu peixe temperado, fumar o seu cachimbo, beber seu café a pequenos goles. Gosta de "mandar fazer" e de viver no ócio. Ele aprecia também o luxo, roupas rendadas e bordadas. O seu sucesso, ele o obtve com essa tolerância, transigência, vontade de não transformar e impor-se racionalmente ao mundo e ao outro. Daí a sua relativa tolerância étnica, a ampla oportunidade dada a todos os homens, independentemente de raça ou cor.

Os brasileiros se amam como irmãos, mesmo sendo tão diferentes! Há preconceitos raciais, ele não nega, mas não há *apartheid*. Reina entre os brasileiros um forte espírito de fraternidade! As relações entre negros e brancos sempre foram cordiais e a solução brasileira para as relações raciais foi a mais inteligente, promissora e humana. E essa seria a contribuição brasileira à humanidade, desde sempre dilacerada pelo ódio racial. Ele acredita que exista certa "felicidade brasileira". Nossa situação de confraternização racial é a que mais se aproxima de um "paraíso terrestre". Há certa "utopia" em Freyre. Há miséria, doença, tristeza, opressão, mas o céu (a democracia racial) é aqui! Todas essas teses sobre a vida brasileira colonial deixaram marxistas e outros ativistas de esquerda justa e profundamente incomodados, e Freyre foi severamente combatido.

A sua interpretação se apoia sobre uma "concepção conciliadora" do tempo histórico brasileiro. Ele propõe uma articulação do velho e do novo, a união da tradição com a modernidade. A história brasileira não é compreendida como ruptura, conflitos, mudanças bruscas. Ela é vista como uma história pacífica, integradora das diferenças. A sua narrativa, assim que percebe conflitos, produz a sua dissipação. Freyre representa um momento importantíssimo para a reflexão histórica brasileira; um momento de retorno, de introspecção, de viagem pelo interior. O Brasil ganha um passado, se densifica para trás e para dentro. Ele não fala quase de futuro; fala mais de passado, de identidade brasileira consolidada. Ele para o tempo da história brasileira deliciando-se em sua contemplação.

O tempo de Freyre é ibérico: sem pressa, sem relógio, sem preço, sem dinheiro a ganhar. Da sua ampulheta desce um fio viscoso e lento, marcando a duração doce e gozosa do mundo nordestino. Seu tempo é senhorial: ocioso, deitado na rede. Dono de escravos, o trabalho não é problema seu. Seu tempo, ele o tem todo à sua disposição para comer, beber, conversar e copular com negras e índias. A "vida boa" dos aristocratas do açúcar foi lânguida, morosa. Na casa-grande, os dias se sucediam iguais, a mesma modorra, a mesma vida de rede, sensual. Sua visão do Brasil e do mundo é desacelerada: a da lenta mudança dos séculos, sem saltos revolucionários. Seu olhar sobre o passado é otimista; sobre o futuro, pessimista: nos anos 1930, a mudança se acelerava, assustando-o, pois comprometia a continuidade do passado patriarcal.

Com sua reflexão, ele quer fazer a defesa desse passado e impedir ou desacelerar a mudança. Ele espera que as mudanças não se acelerem, pois não há motivo. O passado brasileiro foi bom, as elites brasileiras são competentes e democráticas. Quanto ao futuro, ele é no máximo reformista e gradualista, propõe o fim da monocultura, que melhoraria a dieta brasileira, fazendo aparecer uma população sadia e uma inteligência mais vigorosa, menos imitativa. A população mestiça brasileira é eugênica, pois os brancos escolheram as melhores negras e índias para amantes. O mulato é eugênico, um feliz meio termo. O Brasil tem o seu futuro aberto, não há nada que o torne inviável, que o ameace no horizonte — desde que ele seja mais passado do que futuro, mais continuidade do que mudança.

Gilberto Freyre é um interlocutor eterno, incontornável, seja para ser admirado, seja para ser detestado. É um autor-esfinge: indecifrável, impossível de ser posto em termos transparentes. É admirável e tão contestável; é genial e tão impreciso; é revolucionário e tão conservador! *Casa-grande & senzala* é um *seminal work* da história cultural. Os pesquisadores atuais transformam parágrafos seus em pesquisas essenciais sobre o Brasil. Toda discussão atual sobre o escravismo nas Américas; todo estudo sobre a vida familiar no Brasil colonial, sobre a vida afetiva e sexual, sobre a infância, sobre as culturas indígena e negra, sobre a religiosidade colonial precisa levar em consideração suas teses. *Casa-grande & senzala* é uma catedral do pensamento histórico brasileiro.

Bibliografia

Capítulo 1: O desafio historiográfico

BLOCH, Marc. *Apologia da história ou ofício de historiador*. Tradução de André Telles. Rio de Janeiro: Jorge Zahar, 2002.

BOURDÉ, Guy; MARTIN, Hervé. *As escolas históricas*. Tradução de Ana Rabaça. Mem Martins: Europa-América, s.d.

CERTEAU, Michel de. A operação histórica. In: LE GOFF, Jacques; NORA, Pierre (Dirs.). *História:* novos problemas. Tradução de Theo Santiago. Rio de Janeiro: Francisco Alves, 1976. p. 17-48.

_____. *Histoire et psychanalyse, entre science et fiction*. Paris: Gallimard, 1987. (folio).

COLLINGWOOD, Robin George. *A ideia de história*. Tradução de Alberto Freire. Lisboa: Presença, 1981.

COMTE, Auguste. A filosofia positiva e o estudo da sociedade. In: GARDINER, Patrick *Teorias da história*. Tradução e prefácio de Vítor Matos de Sá. Lisboa: Calouste Gulbenkian, 1984.

DOMINGUES, Ivan. *O fio e a trama*. São Paulo/Belo Horizonte: Iluminuras/UFMG, 1996.

DOSSE, François. *A história*. Tradução de Maria Elena Ortiz Assumpção. Bauru: Edusc, 2003.

FEBVRE, Lucien. *Combats pour l'histoire*. Paris: A. Colin, 1992. [*Combates pela história*. 2. ed. Tradução de Leonor Martinho Simões e Gisela Moniz. Lisboa: Presença, 1985.]

FONTANA, Josep. *História:* análise do passado e projeto social. Tradução de Luiz Roncari. Bauru: Edusc, 1998.

KOSELLECK, Reinhardt. *Le futur passé* — contribution à la semantique des temps historiques. Paris: EHESS, 1990. [*Futuro passado*. Contribuição à semântica dos tempos históricos. Tradução de Wilma Patrícia Maas e Carlos Almeida Pereira. Rio de Janeiro: Contraponto/PUC-Rio, 2006.]

LEFEBVRE, Georges. *El nacimiento de la historiografia moderna*. Barcelona: Martines Roca, 1974. [*O nascimento da historiografia moderna*. Lisboa: Sá da Costa, 1981.]

NAGEL, Ernest. Alguns problemas da lógica da análise histórica. In: GARDINER, Patrick. *Teorias da história*. Tradução e prefácio de Vítor Matos de Sá. Lisboa: Calouste Gulbenkian, 1984.

NIETZSCHE, Friedrich Wilhelm. *Da utilidade e desvantagem da história para a vida*. Tradução de Marco Antônio Casanova. Rio de Janeiro: Relume-Dumará, 2003.

PROST, Antoine. *Douze leçons sur l'histoire*. Paris: Seuil, 1996. [*Doze lições sobre a história*. Tradução de Guilherme João de Freitas Teixeira. Belo Horizonte: Autêntica, 2008.]

REIS, José Carlos. *História & teoria*. Historicismo, modernidade, temporalidade e verdade. Rio de Janeiro: FGV, 2005.

RUANO-BORBALAN, Jean-Claude (Org.). *L'histoire aujourd'hui*. Paris: Sciences Humaines, 1999.

TOPOLSKY, Jerzy. *Metodología de la historia*. Madrid: Cátedra, 1982.

VEYNE, Paul. *Como se escreve a história*. Tradução de Antonio José Moreira. Lisboa: Ed. 70, 1983.

WEBER, Max. A objetividade do conhecimento nas ciências e na política sociais. In: _____. *Sobre a teoria das ciências sociais*. Tradução de Carlos Grifo Babo. Lisboa: Presença, 1979.

Capítulo 2: A "dialética do reconhecimento" em Paul Ricoeur: memória, história, esquecimento

Fonte:

RICOEUR, Paul. *La mémoire, l'histoire, l'oublie*. Paris: Seuil, 2000. [*A memória, a história, o esquecimento*. Tradução de Alain François. Campinas: Unicamp, 2007.]

Bibliografia crítica:

ABEL, Olivier. *Paul Ricoeur* — la promesse et la régle. Paris: Michalon, 1996.

_____; PORÉE, Jérôme. *Le vocabulaire de Paul Ricoeur*. Paris: Ellipses, 2007.

ALLONNES, Myriam; AZOUVI, François (Éds.). *Ricoeur*. Paris: Herne, 2004.

BREITLING, Andrés. L'écriture de l'histoire: un acte de sépulture? In: ALLONNES, Myriam; AZOUVI, François (Éds.). *Ricoeur*. Paris: Herne, 2004. p. 237-245.

CHARTIER, Roger. Le passé au present. *Le Débat*, Paris, n. 122, p. 4-11, nov./déc. 2002. (Dossiê sobre a obra *La mémoire, l'histoire, l'oubli*).

_____. Mémoire et oubli. Lire avec Ricoeur. In: DELACROIX, Christian; DOSSE, François; GARCIA, Patrick (Orgs.). *Paul Ricoeur et les sciences humaines*. Paris: La Découverte, 2007. p. 231-247.

DASTUR, Françoise. Histoire et hermeneutique. In: GREISH, Jean (Org.). *L'hermeneutique à l'École de la Phenomenologie*. Paris: Beauchesne, 1995. p. 219-233.

DELACROIX, Christian. Ce que Ricoeur a fait des Annales: methodologie et epistemologie dans l'identité des Annales. In: DELACROIX, Christian; DOSSE, François; GARCIA, Patrick (Orgs.). *Paul Ricoeur et les sciences humaines*. Paris: La Découverte, 2007. p. 209-228.

_____; DOSSE, François; GARCIA, Patrick (Orgs.). Introduction. In: _____. *Paul Ricoeur et les sciences humaines*. Paris: La Découverte, 2007.

DUNPHY, Jocelyn. L'heritage de Dilthey. In: GREISH, Jean; KEARNEY, Richard (Dirs.). *Paul Ricoeur, les metamorphoses de la raison hermeneutique*. Paris: Cerf, 1991. p. 83-95.

ESCUDIER, Alexandre. Entre épistemologie et ontologie de l'histoire. *Le Débat*, Paris, n. 122, p. 12-13, nov./déc. 2002. (Dossiê sobre a obra *La mémoire, l'histoire, l'oubli*).

FOESSEL, Michael. Penser le social: entre phénomenologie et hermeneutique. In: DELACROIX, Christian; DOSSE, François; GARCIA, Patrick (Orgs.). *Paul Ricoeur et les sciences humaines*. Paris: La Découverte, 2007. p. 37-56.

GARCIA, Patrick. Paul Ricoeur et la guerre des memoires. In: DELACROIX, Christian; DOSSE, François; GARCIA, Patrick (Orgs.). *Paul Ricoeur et les sciences humaines*. Paris: La Découverte, 2007. p. 57-76.

GREISH, Jean. (org.) *L'hermeneutique à l'École de la Phenomenologie*. Paris: Beauchesne, 1995.

GREISH, Jean; KEARNEY, Richard (Dirs.). *Paul Ricoeur, les metamorphoses de la raison hermeneutique*. Paris: Cerf, 1991.

LADRIÈRE, Jean. Expliquer et comprendre. In: ALLONNES, Myriam; AZOUVI, François (Éds.). *Ricoeur*. Paris: Herne, 2004. p. 68-77.

LEPETIT, Bernard. *Les formes de l'expérience* — une autre histoire sociale. Paris: Albin Michel, 1995.

NORA, Pierre. *Les lieux de memoire*. Paris: Gallinard, 1984-92. 3v.

_____. Pour une histoire au second degré. *Le Débat*, Paris, n. 122, p. 24-31, nov./déc. 2002. (Dossiê sobre a obra *La mémoire, l'histoire, l'oubli*).

POMIAN, Krysztof. Sur les rapports de la mémoire et de l'histoire. *Le Débat*, Paris, n. 122, p. 32-40, nov./déc. 2002. (Dossiê sobre a obra *La mémoire, l'histoire, l'oubli*).

QUERET, Louis. Sciences cognitives et hermeneutique. In: DELACROIX, Christian; DOSSE, François; GARCIA, Patrick (Orgs.). *Paul Ricoeur et les sciences humaines*. Paris: La Découverte, 2007. p. 145-164.

VILLELA-PETIT, Maria. Thinking history: methodology and epistemology in Paul Ricoeur's reflections on history from "History and truh" to "Time and narrative". In: KEMP, Peter; RASMUSSEN, David (Eds.). *The narrative path* — the laters works of Paul Ricoeur. Cambridge: The Mit Press, 1989. p. 36-46.

Capítulo 3: O entrecruzamento entre narrativa histórica e narrativa de ficção

Fontes:

RICOEUR, Paul. *Temps et récit*. Paris: Seuil, 1983-85. 3 v. [*Tempo e narrativa*. Tradução de Constança Marcondes César. Campinas: Papirus, 1994. 3 v.]

_____. *Du texte à l'action*. Essais d'hermeneutique II. Paris: Seuil, 1986. [*Do texto à ação*: ensaios de hermenêutica II. Tradução de Alcino Cartaxo e Maria José Sarabando. Porto: Rés, 1989.]

Bibliografia crítica:

ABEL, Olivier; PORÈE, Jérôme. *Le vocabulaire de Paul Ricoeur*. Paris: Ellipses, 2007.

BECQUEMONT, Daniel. La confrontation avec le structuralisme. In: DELACROIX, Christian; DOSSE, François; GARCIA, Patrick (Orgs.). *Paul Ricoeur et les sciences humaines*. Paris: La Découverte, 2007. p. 185-206.

BOUCHINDHOMME, Christian; ROCHLITZ, Rainer (Orgs.). *"Temps et récit" de Paul Ricoeur en débat*. Paris: Cerf, 1990. p. 164-183.

BRAUDEL, Fernand. *La Mediterranée et le monde mediterranéen à l'époque de Philipe II*. Paris: A. Colin, [1949]1966.

BUBNER, Rudiger. De La difference entre l'historiographie et la litterature. In: BOUCHINDHOMME, Christian; ROCHLITZ, Rainer (Orgs.). *"Temps et récit" de Paul Ricoeur en débat*. Paris: Cerf, 1990. p. 39-55.

CHARTIER, Roger. (Intervenção de Chartier no debate sobre *Tempo e narrativa*). *Esprit*, Paris, n. 140/141, p. 259-263, juil./août 1988.

COLLINGWOOD, Robin George. *A ideia de história*. Tradução de Alberto Freire. Lisboa: Presença, 1981.

FOURQUET, François. Un nouvel espace-temps. In: LACOSTE, Yves et al. (Orgs). *Lire Braudel*. Paris: La Découverte, 1988.

GREISH, Jean; KEARNEY, Richard (Dirs.). *Paul Ricoeur, les metamorphoses de la raison hermeneutique*. Paris: Cerf, 1991.

HEXTER, Jack. Fernand Braudel and the "monde braudelien"... *The Journal of Modern History*, Chicago, n. 4, p. 480-539, Dec. 1972.

KEARNEY, Richard. Paul Ricoeur and the hermeneutic imagination. In: KEMP, Peter; RASMUSSEN, David (Eds.). *The narrative path* — the laters works of Paul Ricoeur. Cambridge: The Mit Press, 1989. p. 1-33.

LEENHARDT, Jacques. Hermeneutique, lecture savante et sociologie de la lecture. In: BOUCHINDHOMME, Christian; ROCHLITZ, Rainer (Orgs.). *"Temps et récit" de Paul Ricoeur en débat*. Paris: Cerf, 1990. p. 111-120.

LE GOFF, Jacques. Is politics the backbone of history? *Daedalus*, Cambridge, n. 100, p. 1-19, 1971.

MALERBA, Jurandir. *A história escrita*. São Paulo: Contexto, 2003.

REIS, José Carlos. *Nouvelle Histoire e o tempo histórico, a contribuição de Febvre, Bloch e Braudel*. 2. ed. São Paulo: Annablume, 2008. [1. ed.: Ática, 1994].

ROSENTHAL, Paul-André. Metaphore et stratégie epistemologique: la "Mediterranée" de F. Braudel. In: MILO, Daniel S.; BOUREAU, Alain (Orgs.). *Alter histoire* — essais d'histoire experimentale. Paris: Le Belles Lettres, 1991.

VIGNE, Eric. L'intrigue, mode d'emploi. *Esprit*, Paris, n. 140/141, p. 249-256, juil./août 1988.

VILLELA-PETIT, Maria. Thinking history: methodology and epistemology in Paul Ricoeur's reflections on history from "History and truh" to "Time and narrative". In: KEMP, Peter; RASMUSSEN, David (Eds.). *The narrative path* — the laters works of Paul Ricoeur. Cambridge: The Mit Press, 1989. p. 36-46.

WHITE, Hayden. *Meta-história*. Tradução de José Laurênio de Melo. São Paulo: Edusp, 1992.

_____. O texto histórico como artefato literário. In: _____. *Trópicos do discurso*: ensaios sobre a crítica da cultura. Tradução de Alípio Correia de Franca Neto. São Paulo: Edusp, 1994. p. 97-116.

Capítulo 4: A "história problema" da Escola dos Annales

ARON, Raimond. *Introduction à la philosophie de l'histoire*. Paris: Gallimard, 1938.

AYMARD, Maurice. The Annales and the French historiography (1929-72). *The Journal of European Economic History*, Roma, v. 1, n. 2, p. 491-511, 1972.

BRAUDEL, Fernand. Prefácio. In: STOIANOVITCH, Traian. *French historical method* — the Annales paradigm. Ithaca/London: Cornell University Press, 1976.

_____. *Écrits sur l'histoire*. Paris: Flammarion, 1969. [*Escritos sobre a história*. Tradução de J. Guinsburg e Tereza Cristina Silveira da Mota. São Paulo: Perspectiva, 1978.]

BURKE, Peter. *A Revolução Francesa na historiografia*. Tradução de Nilo Odália. São Paulo: Unesp, 1993.

CERTEAU, Michel de. A operação histórica. In: LE GOFF, Jacques; NORA, Pierre (Dirs.). *História:* novos problemas. Tradução de Theo Santiago. Rio de Janeiro: Francisco Alves, 1976. p. 17-48.

FEBVRE, Lucien. *Combats pour l'histoire*. Paris: A. Colin, 1965. [*Combates pela história*. 2. ed. Tradução de Leonor Martinho Simões e Gisela Moniz. Lisboa: Presença, 1985.]

FERRO, Marc. Des Annales à la Nouvelle Histoire. In: _____. *Philosophie et histoire*. Paris: Centre Georges Pompidou, 1987.

FOUCAULT, Michel. *L'archéologie du savoir*. Paris: Gallimard, 1969. [*A arqueologia do saber*. 7. ed. Tradução de Luiz Felipe Baeta Neves. Rio de Janeiro: Forense Universitária, 2004.]

FURET, François. *L'atelier de l'histoire*. Paris: Flammarion, 1982. [*A oficina da história*. Tradução revista por Adriano Duarte Rodrigues. Lisboa: Gradiva, s.d.]

HEXTER, Jack. Fernand Braudel and the "monde braudelien"... *The Journal of Modern History*, Chicago, n. 4., p. 480-539, Dec. 1981.

REIS, José Carlos. *Escola dos Annales, a inovação em história*. São Paulo: Paz e Terra, 2000.

REVEL, Jacques. Les paradigmes des Annales. *Annales ESC*, Paris, v. 34, n. 6, p. 1360-1376, nov./déc. 1979.

WEBER, Max. A objetividade do conhecimento nas ciências e na política sociais. In: _____. *Sobre a teoria das ciências sociais*. Tradução de Carlos Grifo Babo. Lisboa: Presença, 1979.

Capítulo 5: Annales *versus* marxismos: os paradigmas históricos do século XX

ALTHUSSER, Louis et al. Les défauts de l'economie classique. Esquisse du concept de temps historique. In: _____. *Lire Le Capital 1*. Paris: Maspero, 1970. [*Ler O capital*. Tradução de Nathaniel Caxeiro. Rio de Janeiro: Zahar, 1980. v. 1.]

AYMARD, Maurice. The Annales and the French historiography (1929-72). *The Journal of European Economic History*, Roma, v. 1, n. 2, p. 491-511, 1972.

BESSMERTNY, Youri. Les Annales vues de Moscou. *Annales ESC*, Paris, n. 1, p. 245-259, jan./fév. 1992.

BURGUIÈRE, André. Histoire et structure. *Annales ESC*, Paris, n. 3, mai/juin 1971.

CARDOSO, Ciro Flamarion. História e paradigmas rivais. In: CARDOSO, Ciro Flamarion; VAINFAS, Ronaldo (Orgs.). *Domínios da história*: ensaios de teoria e metodologia. Rio de Janeiro: Campus, 1997.

CHESNEAUX, Jean. *Du passé faisons table rase?* Paris: Maspero, 1976. [*Devemos fazer tábula rasa do passado?* Sobre a história e os historiadores. Tradução de Marcos A. da Silva. São Paulo: Ática, 1995.]

COUTAU-BEGARIE, Hervé. *Le phénomène Nouvelle Histoire* — stratégie et ideologie des nouveaux historiens. Paris: Economica, 1983.

DESCOMBES, Vincent. *Philosophie par gros temps*. Paris: Minuit,1989.

DOSSE, François. *História do estruturalismo*. Tradução de Alvaro Cabral. São Paulo: Ensaio, 1993.

_____. *L'Histoire en miettes* — des Annales à la "Nouvelle Histoire". Paris: La Découvert, 1987. A história em migalhas — dos Annales à Nova História. Tradução de Dulce A. Silva Ramos. Bauru: Edusc, 2003.

FERRO, Marc. *L'histoire sous surveillance*. Paris: Calman-Lévy, 1985. [*A história vigiada*. Tradução de Doris Sanches Pinheiro. São Paulo: Martins Fontes, 1989.]

FERRY, Jean-Luc; RENAUT, Alain. *Pensamento 68*: ensaio sobre o anti-humanismo contemporâneo. Tradução de Roberto Markenson e Nelsi do Nasciento Gonçalves. São Paulo: Ensaio, 1988.

FONTANA, Josep. *História:* análise do passado e projeto social. Tradução de Luiz Roncari. Bauru: Edusc, 1998.

FURET, F. *Pensando a Revolução Francesa*. São Paulo: Paz e Terra, 1989.

HABERMAS, Jürgen. *Le discours philosophique sur la modernité*. Paris: Gallimard, 1985. [*O discurso filosófico da modernidade*. Tradução de Luiz Sérgio Repa e Rodnei Nascimento. São Paulo: Martins Fontes, 2002.]

_____. *Théorie de l'agir communicationnel*. Paris: Fayard, 1987.

HOBSBAWM, Eric. A contribuição de Karl Marx para a historiografia. In: BLACKBURN, Robin (Org.). *Ideologia na ciência social*: ensaios críticos sobre a teoria social. Rio de Janeiro: Paz e Terra, 1982.

KOSELLECK, Reinhart. *Le régne de la critique*. Paris: Minuit, 1979.

_____. *Le futur passé* — contribution à la semantique des temps historiques. Paris: EHESS, 1990. [*Futuro Passado*. Contribuição à semântica dos tempos históricos. Tradução de Wilma Patrícia Maas e Carlos Almeida Pereira. Rio de Janeiro: Contraponto/PUC-Rio, 2006.]

LÉVI-STRAUSS, Claude. Histoire et ethnologie. *Annales ESC*, Paris, v. 38, n. 6, p. 1217-1231, nov./déc. 1983.

LYOTARD, François. *La condition postmoderne*: rapport sur le savoir. Paris: Minuit, 1979. [*A condição pós-moderna*. 10. ed. Tradução de Ricardo Corrêa Barbosa. Rio de Janeiro: José Olympio, 2008.]

MANN, H. D. *Lucien Febvre, la pensée vivante d'un historien*. Paris: A. Colin, 1971.

QUILLIOT, R. Um nouvel age de la culture. *Le Débat*, Paris, n. 54, p. 33-39, mars/avr. 1989.

REIS, José Carlos. *A história entre a filosofia e a ciência*. Belo Horizonte: Autêntica, 2004.

_____. *Nouvelle Histoire e o tempo histórico*. A contribuição de Febvre, Bloch e Braudel. 2. ed. São Paulo: Annablume, 2008.

VILAR, Pierre. Histoire marxiste, histoire en construction. In: _____. *Une histoire en construction*. Paris: Seuil, 1976. [História marxista, história em construção. In: LE GOFF, Jacques; NORA, Pierre (Orgs.). *História:* novos problemas. 2. ed. Tradução de Theo Santiago. Rio de Janeiro: Francisco Alves, 1979. p. 146-178.]

VOVELLE, Michel. La longue durée. In: _____. *Ideologies et mentalités*. Paris: Maspero, 1987. [*Ideologias e mentalidades*. Tradução de Maria Julia Goldwasser. São Paulo: Brasiliense, 1987.]

Capítulo 6: Gilberto Freyre, poeta do Brasil

Fonte:

FREYRE, Gilberto. *Casa-grande & senzala*. Rio de Janeiro: José Olympio, 1987. [1. ed.: 1933].

Impressão e acabamento:

Grupo SmartPrinter
Soluções em impressão